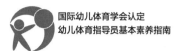

国际幼儿体育学会认定
幼儿体育指导员基本素养指南

儿童健康教育指南

国际幼儿体育学会
日本幼儿体育学会 会長　前桥　明　著
　　　　　　（早稲田大学　教授・医学博士）
国际幼儿体育学会　理事　林　鑫　訳
　　　理事・指導者養成委員長　藤田倫子　編集

大学教育出版

前　　言

今天的日本，随着生活环境日新月异的变化，人们在运动上花费的时间越来越少，加之不规律的用餐时间和挑食偏食，生活习惯不良、肥胖、运动不足的孩子有所增加。另外，由于社会生活夜型化（指夜生活化，下同），职业女性增加，上班时间延长等一系列原因，幼儿作息规律也受到严重影响。其中，对于那些睡得晚，作息紊乱的幼儿来说，我们需要充分考虑他们的生活环境并为之寻找对策。

但是现如今，就连成为保育员和运动指导员的年轻人，自身也过着夜型化的生活，并慢慢地视此为"理所当然"。可以说正因为如此，我们更需要努力钻研有关幼儿健康的理论。

其次，在运动实践和实际操作方面，指导者自身存在缺乏实际游戏体验的问题，往往会遇到"难以向孩子描述游戏的方式方法"，"无法运用游戏的技巧与变化"等难题。在课堂上，是否能向幼儿正确传达关于运动的重要性，游戏的方式方法以及饮食与运动的关联性等，成为现如今亟待解决的问题。因此，我希望本书关于促进儿童健康的理论和实操能为以上问题的解决尽一份绵力。

衷心希望本书能让更多的人理解幼儿运动，也衷心地希望本书能够帮助更多的优秀运动指导员为孩子们的健康成长挥洒自己的汗水。

2019 年 2 月

国际幼儿体育学会　会长
早稻田大学　教授 / 医学博士
前桥　明

儿童健康教育指南

目 录

前言 …………………………………………… i

概 论 篇

运动的目的——"吃好，玩好，睡好！"
——儿童成长发育状况的诊断与评价—— …………… 3

1. 培养儿童身心健康的核心目标　*3*
2. 通过自律神经、脑内激素共同调节的体温规律　*3*
3. 儿童成长发育状况的诊断与评价　*7*
4. 运动的必要性　*13*

理 论 篇

第1章　体温调节障碍儿童与日俱增的现状及其对策… 19

1. 体温机制与低体温　*19*
2. 晚睡晚起儿童的体温规律与问题改善方案　*21*
3. 作息规律、脑内激素分泌规律的紊乱与儿童的变化　*22*
4. 为改善儿童的低体温状态，需要恢复自律神经的功能

　24

5. 使体温规律从紊乱状态下恢复的要点　*25*

第2章　挑战良好作息规律"吃好，玩好，睡好！" ·············· 26

1. 近年来儿童面临的三个问题　*26*
2. 与人体规律有关的脑内激素　*31*
3. 学术研究给出的见解与建议　*32*

第3章　运动对幼儿发育的作用和效果 ·············· 50

1. 促进身体的发育　*50*
2. 发展及促进运动功能　*53*
3. 增进健康　*54*
4. 情绪的发展　*55*
5. 促进脑力发达　*56*
6. 社会性的养成　*57*
7. 治疗的效果　*58*
8. 提高自我保护的能力　*58*
9. 养成好的生活习惯　*59*

第4章　儿童的发育发展 ·············· 60

1. 婴儿期的发育发展与运动　*60*
2. 反射　*61*
3. 发展的顺序性　*61*
4. 幼儿期的发育发展与运动　*62*

5. 运动发展规律　*64*

第 5 章　幼儿期的体适能、运动能力、运动技能的发展 ······ *67*

1. 体适能（physical fitness）　*67*
2. 运动能力（motor ability）　*70*
3. 运动技能及通过运动培养的能力　*72*

第 6 章　运动指导的要点 ······ *74*

1. 指导原则　*74*
2. 指导内容　*76*
3. 希望指导者做的事情　*78*

第 7 章　儿童户外活动安全以及儿童在运动中遇到挫折的应对 ······ *80*

1. 安全玩耍的规矩　*81*
2. 运动中的挫折及对策　*82*

第 8 章　幼儿体育指导的注意事项 ······ *86*

1. 幼儿体育指导上的注意事项　*86*
   （1）课程导入的注意事项　*86*
   （2）展开阶段的注意事项　*91*

（3）整理阶段的留意事项　*96*

2. 儿童户外安全玩耍的要点　*98*

3. 关于指导者服装的注意事项　*100*

实　操　篇

第1章　孩子们热爱的运动与运动会项目 ············ 105

1. 准备活动　*105*

2. 两人一组做动作　*108*

3. 亲子体操　*111*

4. 废物利用的小游戏　*117*

5. 运动会项目　*121*

第2章　使用身边的东西进行运动游戏 ················ 132

1. 运毛巾　*132*

2. 抢毛巾　*133*

3. 接塑料袋　*135*

4. 踢塑料袋　*136*

5. 抢尾巴游戏　*137*

6. 用球拍滚球的比赛　*138*

7. 击球游戏：绕圈跑　*139*

8. 击球游戏：捡球　*141*

第 3 章　节奏与动作　*144*

1. 圈圈舞　*144*
2. 花之国的小火车　*148*
3. 天气暖洋洋，快快去散步　*152*
4. 红彤彤的太阳公公　*157*

第 4 章　扮鬼游戏　*162*

1. 扮鬼游戏是能够治愈心灵的，非常有意义的游戏　*162*
2. 根据心思和想法，变化可以无穷大　*162*
3. 扮鬼游戏的步骤　*163*
4. 创造"优胜者"吧　*163*
5. 一人当鬼　*164*
6. 人鬼大战　*170*
7. 僵尸游戏　*174*
8. 复活同伴　*176*

■作者介绍　*183*

概论篇

运动的目的——"吃好，玩好，睡好！"
— 儿童成长发育状况的诊断与评价 —

1．培养儿童身心健康的核心目标

儿童健全人格的发展，可以通过各种游戏、活动、教学等促进以下五方面的均衡：

①身体发展（physical）
②社会发展（social）
③智力、心理发展（intellectual、mental）
④精神发展（spiritual）
⑤情绪发展（emotional）

在整个教育体系中应以儿童的全面发展（身体、社会、心理、精神、情绪发展）为宗旨。

2．通过自律神经、脑内激素共同调节的体温规律

习惯夜型生活的儿童，睡眠规律逐渐变得紊乱、饮食也不规律，导致早上不吃早饭，没有排便；结果从早上开始就感到疲倦，以致一上午精神不振，体力低下，这使得自律神经的作

白天体温升高，是学习与游戏的最佳时间
一天之中，15-17点称为儿童成长的黄金时间

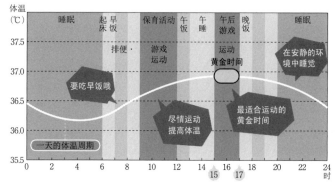

体温有其自身规律。在高体温的时间段里，人体相当于充分热身，这个时间段便于身体活动，学习效率也高；在这个时间段里进行运动，激素分泌也会更好，健康的身体规律也能够得以自然形成。

图1 一天中的体温变化规律

用减弱，昼夜体温规律紊乱（图1）。

儿童的体温不能稳定在36～37度之间，体温调节不畅导致儿童体温"过高"或"过低"，体温规律紊乱，早上体温低下精神不振，到了晚上却体温升高精神饱满过着夜型生活的儿童逐渐增多。

在日常生活中，体温会受到脑内激素的影响，一般在凌晨3点左右体温最低，在下午4点左右最高，如此呈一个循环。体温每天进行自我调节，是人类在漫长的岁月演化中形成的身体活动规律。比如，下午4点左右，是最适合儿童活动的时间，我们称之为儿童的"玩耍与学习的黄金时间"。在这个时间段里，儿童很容易忘我地投入到自己感兴趣与关注的事情上，比

如观察自然、动物或进行体育活动；让孩子们在这个时间段里忘我地体验挑战、创造与实践，对于成长十分有益。

但是，习惯夜型生活儿童的体温规律，比起正常儿童的体温规律要向后错位延迟数个小时。早上，处于低体温状态的身体不得已起床开始活动，难免睡眼朦胧，动作迟缓；而到了晚上，由于体温升高，反而无法入睡，形成恶性循环。

如何将产生错位的体温规律纠正回来呢？最重要的是养成积极健康的作息规律。在此介绍两个行之有效的方法：

①早上让孩子多晒太阳。

②白天让孩子多运动。

要改善这些存在的问题，简单来讲，最重要的是大人们要认真关注如何让儿童养成"从婴幼儿时期开始孩子本该有的生活规律（营养、运动、休息---三者的平衡）"。为了应对这一问题，日本开展了名为"早睡，早起，吃早饭"的国民运动。这一举措曾经作为促进健康运动的契机取得了一些成效，但是要促进儿童自律神经功能的发展，让儿童更加活泼有活力，则还不够。

为了防止儿童在生活规律养成方面的诸多问题继续恶化，我们首先要关注孩子的睡眠，睡眠是影响儿童大脑发育的重要因素，所以，"早睡早起"是很重要的；而睡眠不规律又会引起饮食不规律，所以，"吃早饭"也很重要。

但是上述国民运动的意义也仅仅止步于此。如果希望儿童积极向上，自主性强，能自主思考，那么在平常生活中通过"运动"来刺激儿童则是不可缺少的。运动及运动游戏,对于自律神经机能的发展是不可或缺的。孩子即使养成了良好的生活习惯,也不能忽视给予他们运动实践的场地和机会的重要性,让孩子能在一天的生活中,在白天通过运动消耗能量,释放情绪。

因此,在"早睡,早起,吃早饭"这项国民运动基础之上,还要再加一个"勤运动",即要"吃好"、"玩好"、"睡好"。换

图2 日本儿童生活习惯问题演变

言之，要大力宣传"运动"的重要性，并给予积极的实施。这样就可以让那些担当未来的孩子们拥有健康、积极向上的生活。

3．儿童成长发育状况的诊断与评价

您觉得您的孩子健康吗？ 平常运动得多吗？ 让我们一起来看看您孩子的实际生活和运动情况吧。从生活和运动的视角出发，把答案画在雷达图上，就能一目了然地看出孩子现在哪里做得好，哪里需要改善。

诊断方法

1. 针对项目 1～6，回答 "是" 或 "不是"。
   如果是问孩子在幼儿园的睡眠和休息情况，那就一边和您孩子交流一边记录吧。
2. 每有一个 "是" 就加一分（满分 5 分），把小计的分数填入对应项目的表格中。
3. 把项目 1～6 上记录的分数相连。
4. 连成的六角形面积越大，表示孩子的身体状况，生活环境，运动环境，发展状况越好。其次，图形越接近正六边形，各个项目之间的平衡就越好，越是歪斜的六边形，表明孩子在这些项目中发展越不平衡。

儿童成长发育状况的诊断表

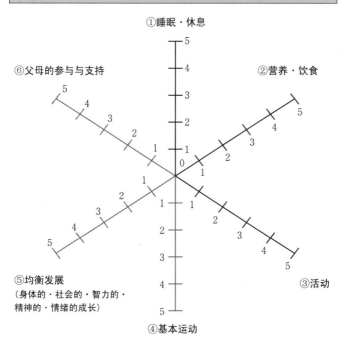

- ①～③ **生活层面**
- ④～⑥ **运动层面**

5分：非常好
4分：好
3分：还有进步的余地，积极挑战吧
2分：需要一点努力
1分：加油努力吧

| 生活层面 | 生活层面 |

①眠、休息

良好的睡眠是美好生活的基础，儿童不仅对睡眠时长有要求，睡觉和起床的时间也十分重要。睡眠的关键在于早上起床的时候，没有昨日的疲倦，能精神饱满地起床。

- 在晚上九点之前想睡觉吗？
- 每天有睡十个小时以上吗？
- 早上在七点之前能起床吗？
- 早上起床的时候有晒到太阳吗？
- 早上起床的时候有精神吗？

回答"是"得一分，满分5分

合计 □ 分

②营养、饮食

良好的饮食习惯是身体健康的基础，和家人、朋友一起吃饭，也会成为孩子的心灵鸡汤。父母每天是否有操心孩子有没有良好地进食呢？

- 每天有吃早饭吗？
- 早上有排便吗？
- 吃饭的时候开心吗？
- 吃完小点心之后再吃晚饭，中间有两个小时的间隔吗？
- 有坚持不吃夜宵吗？

回答"是"得一分，满分5分

合计 □ 分

生活层面	运动层面
③活动	④基本运动

在此列举了生活中除了睡眠，饮食之外的主要活动。做家务，看电视等这些小事，若养成习惯慢慢积累，其影响也是不可忽视的。

父母有没有掌握现阶段孩子在户外游戏的运动量及其运动能力呢？如果不清楚的话，就带孩子去公园一起玩，看看孩子能做到何种程度。

- 走路上下学吗？
- 有在户外进行出汗的游戏吗？
- 有做那些需要活动身体的家务吗？
- 看电视、玩游戏的时间合计不超过一小时吗？
- 晚上泡澡的时候心情舒畅吗？

回答"是"得一分，满分5分

合计 ☐ 分

- 每天上午的时候，会在户外玩耍吗？
- 在15～17点的时间段里，有在户外好好地玩耍吗？
- 跑、跳、投球等活动之间有取得均衡吗？
- 能吊在单杠、云梯上吗？能在平衡木上保持平衡吗？
- 在庭院、公园的固定器材上玩得开心吗？

回答"是"得一分，满分5分

合计 ☐ 分

| 运动层面 |

⑤均衡发展（身体、社会、智力、精神、情绪层面的成长）

孩子是否拥有保护自己的身体素质，是否能和他人搞好关系，是否会在游戏中开动脑筋，是否有坚持到最后的顽强意志，是否懂得忍耐等等。我们来好好检查一下孩子通过游戏锻炼的各种能力吧。

- 孩子在摔倒的时候是否会收紧下巴，用手撑住地板，保护身体不受伤害？（身体层面，自我保护能力）
- 能和朋友们一起友好地玩耍吗？（社会层面）
- 能开动脑筋，开心地玩游戏吗？（智力层面）
- 游戏之后能把器材都收拾好吗？（精神层面）
- 和他人发生摩擦，能控制住自己的情绪吗？（情绪层面）

回答"是"得一分，满分5分

合计 □ 分

| 运动层面 |

⑥父母的积极性与支持

儿童幼儿期的生活会因为家长的积极性和关心与否而产生极大的不同。回答"是"的数量越多，父母和孩子在一起的时间也就越多，对于父母、孩子各自的身心都有益处。

- 是否有在一起进行亲子活动，一起出汗？
- 是否注重在外游戏的机会？（家附近、公园等）
- 比起开车，是否更注重和孩子一起走路？
- 是否有配合着音乐陪孩子玩舞蹈、体操、徒手游戏等？
- 是否有让孩子一天至少运动30分钟以上？

回答"是"得一分，满分5分

合计 □ 分

4．运动的必要性

如图 3 所示，为了让儿童的大脑及自律神经良好运作，并提高体适能，注重儿童的基本生活习惯是大人们的重中之重。为了提高孩子自律神经的功能，要注重以下 4 点：

①注重儿童基本的生活习惯。

②让孩子到户外进行活动，提高应对各种环境与温度的适应力与应对能力。

③在安全的游戏场所让孩子充分体验那些需要拼命活动、应对的"与人相关的运动游戏"。也就是说，在安全的环境下设置假想的紧急情况，让孩子体验拼死运动的感觉。比如，鬼抓人、躲避球等又开心又需要拼命活动的集体游戏就是很有效的。其次，是在公园玩耍的安全注意事项（如下图 4 所示）。

④通过运动（肌肉活动），促进血液循环使身体发热（体温身高），出汗之后身体散热（体温下降），能有效地刺激体温的调节机能。儿童的适度运动与其体适能的提升密切相关。

如果一天都没有运动，那么身体素质和作息规律会变成怎样呢？因为作息呈一个循环，生活习惯（作息时间）中一环的恶化，会使其他作息时间也随之恶化。反之，生活习惯（时间）中的一环有所改善，那么其他的环节也会随之改善。

也就是说，在白天有阳光的时间段里，让孩子充分活动身

> 饮食（营养）和睡眠（休息）之外，
> 运动能增强身体素质，保持健康，
> 能精神饱满地进行活动的秘诀是，多运动！
> 重要的是要通过运动，适度地活动身体
> 运动的效果（转换气氛，恢复疲劳，促进家庭和睦）
> →训练效果（疲劳感）：增强身体素质
> →超负荷训练（过劳）
> →生病
> 通过增强自身的运动技能，
> 能体会运动的快乐，
> 更能增加自我实现的机会。

图 3　如何增强体适能

体进行游戏、运动，这样孩子会有饥饿感，想早点吃晚饭，心情舒畅并有适当的疲劳感能使孩子尽早入睡。睡得早，第二天早上就能早起，紧接着不管是吃早饭还是上幼儿园都能提早。因为早上有时间好好吃早饭，孩子们就能获得充足的能量，体温升高进入热身状态，在白天也能有精神地进行活动与运动，体适能也自然随之提高，形成良性循环。

想要孩子生活有条理，并增强体适能，早上的太阳光刺激和在白天进行的运动都是很有效的；把需要改善的问题分解成一个一个小目标，一步一步地进行改进，坚持下来，就会越来越好。

把"一点突破，全面改善"作为口号，一起加油吧。

另外，表 1 所示的饮食内容，是对脑部功能有益的食材。

> 父母的细心留意可以让孩子避免危险
> **在公园安全玩耍的注意事项**
> 为了在公园安全地玩耍，先和孩子们达成约定

服　装

请尽量穿不妨碍活动的衣服。为了避免孩子衣服被钩住，挂住等危险情况的发生，在孩子进行游戏之前请父母做好检查工作。

游戏器材

即使是安全的游戏器具，也会因为错误的使用方法引发伤害或事故。对于第一次玩的游戏器材，家长要事先进行确认，并教会孩子正确的使用方法。以下几点，是特别想要向孩子传达的注意事项。

图 4　在公园安全游戏的注意事项

表1　对脑部功能有益的食材

豆类 • 纳豆、大豆 • 花生 • 豆腐、味增汤	豆类富含卵磷脂，卵磷脂能转换成乙酰胆碱（神经递质的一种），与记忆力有关。所以，在平时食用豆类制品有助于提高记忆力。其次，豆类制品含有丰富的蛋白质与镁离子。
芝麻 • 芝麻 • 坚果类	富含抗氧化营养素，能有效预防活性氧带来的衰老。其次，含有的锌元素易与食品添加剂中有害物质相结合，有效防止身体吸收有害成分并将其排出体外。
裙带菜 • 裙带菜、昆布等海草类食品	裙带菜、昆布等海草类食品，富含钙质和矿物质。钙有助于提高注意力，能使人冷静；矿物质可以有效预防身体老化及生活习惯带来的疾病。
蔬菜	富含维生素，与脑内葡萄糖代谢有关，有助于营养吸收；富含ß-胡萝卜素和维生素C。
鱼	富含DHA（廿二碳六烯酸）和EPA（廿碳五烯酸），对神经细胞功能有益；对脑神经细胞的发展有益处，降低患抑郁症的可能性。其次，也会降低对他人的社会危害性，不易暴怒，降低攻击性。
香菇（蘑菇类）	富含维生素D；其次，富含食物纤维，能预防动脉硬化和大肠癌。
薯类（谷类）	含有维生素，与脑内葡萄糖代谢有关，有助于营养吸收。其次，富含能调整肠道环境的食物纤维。

理论篇

第 1 章
体温调节障碍儿童与日俱增的现状及其对策

1. 体温机制与低体温

人类的正常体温，刚出生时在37℃以上，到了百天的时候稳定在37℃左右，2岁左右时，体温逐渐回落到36～37℃，之后由于自律神经的调节作用，儿童体温基本稳定在36～37℃之间。

但是，现在有些孩子从婴儿时期就在设施齐全的空调房中长大，因为平时不出汗，身体自身散热的机会减少，在身体无法散热的情况下，进入幼儿期也一直保持37℃以上的高体温。

从3岁左右开始，儿童在生活中逐渐形成一定的体温规律，在夜里睡觉的时候体温降低，在白天活动的时候体温升高，并稳定在36-37℃之间。但是，那些不运动的孩子，不用走路上下学的孩子，不去游戏活动身体的孩子，因为讨厌天气炎热就呆在空调房里尽可能不运动的孩子，他们的身体发热机能就变得无法有效运作。幼儿期体温无法上升到36℃以上的孩子，视为低体温儿童。

如图 1-1 所示，人类为了维持"日出而作，日落而息"的作息规律，不仅需要自律神经的作用，也需要脑内分泌的激素充分起到作用。在夜里，为促进睡眠，脑内会分泌松果体激素（褪黑激素），而到了早上，为了能使早上有精神地进行活动，脑内会分泌能使人清醒、精力充沛的激素（皮质醇、ß-内啡肽）。

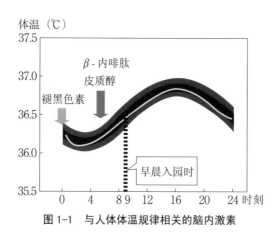

图 1-1　与人体体温规律相关的脑内激素

在身体健康的时候，促进睡眠的褪黑激素的分泌在凌晨 12 点时达到峰值，脑内温度（深部体温）降低。这时，神经细胞得到休息，孩子们能有良好的睡眠。也就是说，由大脑分泌的脑内激素（褪黑激素），使得人体体温在凌晨 3～4 点的时候最低而酣然入睡。天亮的时候，脑内分泌皮质醇和 ß-内啡肽，使脑部温度及体温上升。这样从早上醒来开始，吃完早饭，获取卡路里之后，体温会有一定程度的上升（起到热身作用），有助于活动与学习。如果这些激素的分泌时间或分泌量变得紊乱，就不能充分调节脑内温度而干什么事都没有精神，就好比时差反应一般。

2．晚睡晚起儿童的体温规律与问题的改善方案

如图1-2所示，晚睡晚起儿童的体温规律曲线向右移动，较正常儿童体温变化来得迟缓。

生活习惯的紊乱，尤其是晚睡晚起，会使得自律神经功能低下，无法充分调节体温，在早上至中午的这段时间，会出现低体温现象。早晨身体仍处于本应出现在熟睡状态下的低体温

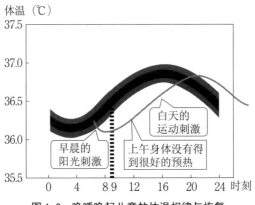

图1-2 晚睡晚起儿童的体温规律与恢复
正常规律所需要的两个刺激

状态，在这种状态下起床，就容易身体疲乏，动作迟缓。如果儿童处于低体温状态，在上幼儿园或上学的时候就容易坐着发呆，一上午都听不进上课内容。

另外，在放学回家之后，儿童多进行看电视，玩电脑游戏等不费体力的活动，导致晚饭吃得少，心情不错却没有适度的疲劳感，所以不会感到困乏。到了夜里，因为体温较高难以入睡，如此这般，形成一个恶性循环。

也就是说，儿童的活动时间偏移到了夜里，感到困乏想睡觉的时候已经超过晚上 10 点。如果晚上 10 点之后入睡，那么，低体温时段就会从深夜延续到第二天早上，吃早饭的时候头晕乎乎的而没有食欲。但如果不吃早饭，会因为没有热量的摄取，陷入体温更难上升的恶性循环（没有热身的状态）中。

另外，本应让成长期的孩子在感知四季的环境温度和自然的寒来暑往中，培养抵抗力和适应力，锻炼自律神经功能；但是过度使用空调，使得儿童抵抗力和适应能力低下，身体也变得虚弱（自律神经作用减弱）。

3．作息规律、脑内激素分泌规律的紊乱与儿童的变化

睡觉和起床规律紊乱，生活节奏不规律，会引起激素作用越发恶化。如果促进睡眠的褪黑激素以及使人清醒、精神饱满的皮质醇、ß- 内啡肽的分泌的时间混乱，会使得身体更加难以调节体温。结果，孩子到了夜间无法降低脑部温度，神经细

胞无法得到充分的休息，所需睡眠时间会有所延长。所以，到了早上很难起床，或是睡了很长时间也没有精神。早上起床的时候没有精神，到了下午由于皮质醇和β-内啡肽的分泌，才会少许有些精神（图1-3）。

当然在这种情况下，儿童的运动能力极端低下，从结果来看，这样的儿童往往容易疲劳、耐力低下、注意力低下、喜欢发呆、脾气烦躁、有气无力、感到不安、易抑郁。

特别是近些年来，各种兴趣班和补习班的增加，使得孩子的大脑需要处理的情报量增加而睡眠时间却有所减少，孩子们长期处于持续紧张的状态中。如果这种状态进一步慢性化或变得严重的话，就容易导致睡眠变浅，无法恢复疲劳，身体状态也会极端低下。这样，孩子将来上初高中的时候，也不能集中精神学习，听不进任何内容，甚至日常生活也会产生障碍，变

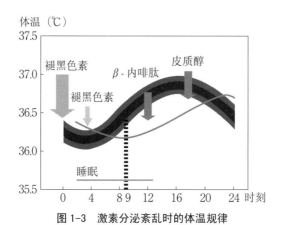

图1-3　激素分泌紊乱时的体温规律

得闭门不出，天天闷在房间里。

4．为改善儿童的低体温状态，需要恢复自律神经的功能

为了让儿童的自律神经功能充分运作，改善低体温的问题，最重要的是父母对孩子基本生活习惯（睡觉·饮食·运动的习惯）的重视；而为了提高自律神经的调节功能，则需要采取以下行动：

①让孩子走出室内到户外活动，掌握应对各种环境温度的适应力与应对能力。

②在安全的游戏场所让孩子充分体验那些需要拼命活动、应对的"与人相关的运动游戏"。即在安全的环境下设置假想的紧急情况，让孩子体验拼命运动的感觉。举具体的运动案例来说，鬼抓人、躲避球等既开心又需要拼命活动的集体游戏是行之有效的。

③通过运动（肌肉活动），促进血液循环使身体发热（体温身高），出汗之后身体放热（体温下降），能有效地刺激并激发体温的调节机能。

5．使体温规律从紊乱状态下恢复的要点

为解决体温规律的偏移与低体温现象，需要恢复自律神经功能。为此，有规律的生活节奏和白天积极地进行运动实践极为重要。首先从改善晚睡晚起开始，早上多晒太阳，白天积极地进行运动。

幼儿期的孩子在晚上九点之前，童年期的孩子在晚上九点半之前睡觉为宜。在白天的时候，让孩子充分畅快地获得一定的疲劳量，对于成长期孩子的身体素质提升与健康管理十分有益。

总之，我们推荐在安全的游戏环境中进行鬼抓人、躲球游戏等各种体育运动，假想虚拟的紧急事态让孩子积极的进行运动实践。在白天进行能出汗的运动，可以促进自律神经功能的发展，并且儿童也会产生饥饿感，能好好地吃晚饭。于是，孩子在晚上九点的时候自然会有睡意，有助于养成良好的作息规律。

第 2 章
挑战良好作息规律"吃好,玩好,睡好!"

1. 近年来儿童面临的三个问题

儿童在夜间睡眠时,大脑会分泌使脑内温度下降,让身体得到休息的褪黑激素,也会分泌促进成长和新细胞产生的生长激素,但是,由于受到成人社会夜型生活的负面影响,儿童的生活规律逐渐发生紊乱;不规律的生活使得孩子们易怒、脾气暴躁、缺乏注意力、人际关系不好、经常感到有气无力、无精打采;作息规律的紊乱会损害孩子的身体,致使学习能力和体适能减弱、甚至产生心理问题等各种负面影响。

(1) 睡眠规律的紊乱问题
1)迟睡的现代儿童

首先,现代儿童的夜型化生活倾向令人侧目,父母深夜带着孩子们出入家庭餐馆、居酒屋、卡拉 OK 等场所的情况屡见不鲜。甚至一些居酒屋还配备了儿童房,在菜单里加入了儿童套餐。

"没事的,孩子很精神的"、"夜里是父子交流感情的时间"、"孩子自己说了还不困"等等借口之下晚睡的家庭逐渐增加,孩子的生活慢慢变成了"晚睡,晚起,没精神"的生活。如今,日本晚上十点之后睡觉的幼儿比例超过了四成,可以说,这是国家层面的危机。

其次,为了成人健身,一些学校的体育馆在晚上是开放的,一些父母带着孩子运动到很晚。孩子们习惯了大人的夜型化生活,陷入不健康的生活状态;另一方面,父母由于知识和意识的欠缺,不了解儿童的健康生活方式,使得儿童不能按照健康的作息规律去生活。

2)睡眠时间短的危险性

那么,夜里没能睡足 10 小时的孩子会怎么样呢?研究表明,那些睡眠时间不到 9 个半小时的孩子,会出现注意力无法集中、脾气暴躁、不能安静而要到处走动等行动特征。在此情况下,不能静下心来生活,也不能充分地体验在幼儿园的生活,上了小学也不能专心学习。

实际上,在幼儿期睡眠时间不足的孩子,在上学的时候,在一个小时的上课中就无法集中注意力。每隔 10 ~ 20 分钟注意力就要下降,并开始东张西望,急躁不安。即使是再优秀的老师,也拿这些孩子没有办法。

儿童如果长时间处于睡眠不足的状态,那么,出现更加严重的状况,比如不能控制自己的情绪,行为模式出现问题等就见怪不怪了。

睡眠不仅能让大脑得到休息、缓解疲劳，更有整理巩固记忆的功能，所以说睡眠也能让脑部成长，与孩子的学习能力息息相关。幼儿时期的睡眠，对于孩子的脑部发育非常重要。

如果入睡时间较晚，就容易产生睡眠不足的问题，或者是为了确保睡眠时间而晚起，早上没空吃早饭。

（2）饮食规律的紊乱问题

令人在意的第二点问题就是睡眠不足、晚睡晚起，会导致没有充分时间吃早饭，或者干脆不吃早饭的问题。

如果不吃早饭，幼儿容易暴躁不安，会出现乱扔积木，乱放玩具，趁朋友不注意从背后打人等情况。如今，每天吃早饭的幼儿仅有八成。我们成年人，每天吃早中晚三餐才能维持每天的身体所需，幼儿成长得很快，每天只吃三餐是不够的。由于幼儿胃容量小，肠道功能较弱，不能一次性摄取过多食物，需要零食来补充。所以需要把幼儿的零食也考虑成其饮食环节的一部分。也就是说，对于儿童的正常饮食，每天需要四～五餐。而这种情况下，缺了一次正餐的幼儿却有所增加，我们没有理由不担忧。

还有一些更加严峻的问题。比如，虽然有八成的儿童每天吃早饭，但早上排便的仅仅只有三成。人类在吃完食物之后，较易消化的食物在 7～9 小时左右消化后形成大便，要消化所有的东西大概在 24 小时左右。在夜间如果睡眠时间超过 10 个小时，那么晚上吃的东西中较易消化的食物残渣，到了第二天早上就已经停留在大肠里了,早上起来就是空腹状态。在空腹状态下,早上一旦进食,就会向脑部传递食物进入胃里的信号。然后为了排空消化之后的残渣,肠胃开始运动,想要把食物残渣排出体外。此时大肠内一定量的残渣,一旦给予大肠刺激的时候,就会把残渣慢慢地排出体外。

大肠内积满食物残渣是非常重要的,如果只吃零食的话,大肠内就不会形成足量体积和重量的食物残渣,饮食质量不健康,是无法结成大便的。

最近几年,有许多孩子不能在早上起来的时候在家排完便之后,以良好的身体状况去上学。这样的话,孩子在中午之前活动力低下也就在意料之中。活动减少了,一天的运动量也就减少了,增强孩子的体适能也就无从说起。

(3) 运动量不足的问题

接下来,是令人在意的第三点,那就是儿童在生活中的运动量急剧减少。以托儿所的五岁儿童举例,在1985～1987年,早上9点到下午4点的时间里,平均每个孩子要走12000步,但是到了1991～1993年的时候,减少到7000～8000步。接着,到了1998年之后,就只有5000～6000步左右了。时至今日,现代儿童比起1985～1987年代的儿童的运动量急剧减少了一半以上。而且由于坐车上学,儿童在生活中整体上步行数减少,运动量难以达到增强体适能的要求。

观察儿童活动的时候,经常可以看到有孩子在过圆木或走平衡木的时候,因为脚趾翘起而无法保持自身的姿势平衡,从平衡木上掉下来的场景。孩子如果在平时生活中有好好地走路,那么出现这种情况是很难想象的;跑的时候也是,因为不会摆臂,或者因为膝盖不能好好地抬高而脚尖拖地等摔倒的儿童也是屡见不鲜。

另外,比起平日进行户外游戏的孩子,常看电视,玩手机的孩子对于活动场所的距离感以及人与人之间的距离感的认知能力得不到培养,也无法培养空间认知能力。因此,常会撞到从前方或是斜前方过来的人。撞到之后快要跌倒时,因为①从婴儿时代,让其自行匍匐前进的时间很少,未能良好地培养全身肌肉力量及安全预防能力;②即使到了能走路的年龄,也多让其呆在婴儿车里,肌肉力量和平衡能力极弱;③加之在平日,孩子多是乘车上学,运动量少,运动不足,各种运动方式的经验不足;导致孩子无法迅速做出手撑地面保护自己的动作,而造成脸部摔伤。

总之,在夜型化的生活环境中,孩子们的睡眠规律发生紊乱,继而产生早上不吃早饭、不排便等问题。其结果,导致儿童在白天活动力低下,无法很好地进行运动(体适能降低)。

2. 与人体规律有关的脑内激素

人类维持晚上睡眠，白天进行身体活动的规律需要脑内分泌的激素充分作用。如果在深夜不能分泌有助于睡眠的松果体激素（褪黑激素），那么早上就无法分泌能让人提起精神的激素（皮质醇及ß-内啡肽），这就导致晚上无法入眠，早上起来后活动没有精神。

如果这些激素分泌的时间规律紊乱，那么就无法调节脑内的温度，会出现和时差症一样的症状，干什么都没有精神。在健康状态下，促进睡眠的褪黑激素在凌晨12点的时候分泌最旺盛，脑内温度较低，这样的话，神经细胞能得到休息，孩子们也能有良好的睡眠。

如果作息规律一旦紊乱，脑内激素的作用机制会受到影响，分泌时间紊乱，甚至难以调节体温。造成的结果就是，夜间大脑温度无法下降，神经细胞得不到休息，睡眠时间延长。这样导致儿童难以起床，即使睡得时间再久都没有精神。早上起不来，到了下午之后，脑内的皮质醇和ß-内啡肽终于开始分泌，这个时候才勉强有些精神。这样的儿童身体机能极度低下，往往易疲劳、耐力低下、注意力低下、发呆、脾气暴躁、无力、不安、抑郁等。

其次，近些年来，孩子从幼儿期开始就要学习各种各样的事情，大脑需要处理的信息量增加而睡眠时间却有所减少，孩子们长期处于持续紧张的状态中。想要提高孩子的学习能力与记忆力就要保证必要的睡眠时间,但是现在孩子的睡眠时间越来越短,不仅不能恢复疲劳,能力也极端低下。

如此这般,在将来求学的过程中,不能集中精神学习听不进任何东西,日常生活也会产生障碍,变得闭门不出,闷在房间里。

3．学术研究给出的见解与建议

通过调查研究儿童与监护人的生活规律,我们整理出以下几点:

①年龄小、身体素质差的儿童只需通过在上午游戏,就会在夜间感到疲劳而早早入睡。但是随着年龄的增长,身体素质的增强,只在上午进行游戏无法使孩子感到疲劳,晚上睡不着。所以,必须要加入下午的游戏活动。即在下午3点左右积极地进行运动游戏,让孩子通过运动充分消耗能量,释放情绪,是让儿童夜里早早入睡的秘诀。

②如果晚饭时间在晚上7点之后,那么就会提高10点之后睡觉的几率。建议幼儿在晚上6点、7点之前吃饭。

③早上起来就很疲倦的儿童通常晚上看电视、看视频的时间很长,或者晚上睡得很晚。这些儿童由于睡眠时间变短,白天的运动量都比较少。而这些儿童的母亲基本上

有个共性，就是在家的时候多在发邮件、看手机；家长和孩子在晚上都与电子产品互动，而亲子之间互相交流的时间则很少。

④晚上8点之后，父母应注意让环境变暗，让孩子感受黑夜再让孩子睡觉。如果房间里开着电视，孩子会受到光线刺激而无法入睡；切掉光源让房间变暗是很重要的。

⑤到了早上，要养成打开窗帘的习惯。让孩子在早上感受阳光，通过光刺激醒来吧。

（1）给大人的警示

要改善近些年儿童存在的问题，成年人必须认真关注"孩子从婴儿时期开始本应有的生活。"

①习惯夜型化生活的孩子，早上起来感到困乏疲倦是很正常的。

②如果睡眠不足，就无法集中注意力。其次，早上没吃早饭的话孩子脾气暴躁也是意料之中的。这样的话，孩子即使去了学校也不能安静下来而四处走动。

③从小就不在父母身边生活的孩子，对亲情是极其渴望的。而父母如果孩子一直不在身边，那么情感就会变得淡薄，逐渐会变得不想孩子。

④如果父母因重视便利性和效率，让孩子改走路上下学为乘车上下学，那么原本亲子之间互动的时间以及通过走路来确保运动量的时间就会减少。随之，孩子与父母之

间交流减少，体质减弱，对外界环境的适应能力也逐渐降低。

⑤过度观看电视、视频，会导致儿童的人际交往能力与语言能力的发展迟缓，甚至无法与人正常沟通。特别是，午后运动游戏的减少，使得社区不同年龄层的孩子能聚在一起的游戏场所消失，电子游戏的普及以及电视、视频的激增导致孩子们的运动量不足，难以调整作息规律。

以上几点如果得不到改善，孩子的学习能力和体适能就很难能够提升，甚至还会出现暴怒，或是有令人匪夷所思的行动。在此，我们应竭尽全力让孩子从婴儿时期就开始养成健康的生活习惯。

在养成了健康生活习惯的基础上，我们也不能忽视在日常生活中给予孩子机会与场地，让孩子通过运动消耗能量，释放情绪的重要性。幼儿时期每天进行运动游戏十分重要。运动游戏不仅可以提升体适能，也有助于基础代谢的提高，调节体温，对脑神经系功能的发育也有重要意义。

我们要让孩子们忘我地投入到游戏之中，并为之创造相应的幼儿园或社区环境，让孩子们能够安心成长。

（2） 在上午进行游戏的基础上，还推荐进行"午后游戏"

在孩子们体温最高，身心都处于很好状态的下午 3 点之后，如果不能让孩子在户外进行充实的集体游戏或运动，那么孩子们就不能通过运动消耗能量，会积蓄压力和不安的情绪。

所以，在白天，比起让孩子在室内看电视、玩电子游戏、玩手机等，不如让孩子在阳光下充分地进行运动游戏，这样到了晚上，孩子才能心情舒畅并有适当的疲劳感。

低年龄段的孩子身体素质弱，仅在上午活动身体，到了晚上也能早早入睡，但到了4、5岁，身体素质上升之后只有早上的运动是不足够的，在日常生活中，应该尽量地让孩子在体温最高的时候进行运动。

孩子健康生活要点的梳理：

①在体温高峰的下午3～5点，让孩子充分运动。

②早点吃晚饭，在晚上8点左右睡觉，最迟也要在晚上9点之前催促孩子睡觉。

③早上7点前起床，有充足的时间吃早饭，排便。

④在上午的时候，尽量在户外玩耍。

也就是说，运动游戏的实践能有效调整儿童的生活规律，让孩子在生活中积极地进行运动游戏，增加运动量，能充分调整他们的睡眠规律，并使其食欲旺盛。当养成了健康的生活规律之后，孩子就能维持健康的身心状态，精神稳定，不会暴怒或是急躁不安，情绪也会变得稳定。

但是，令人遗憾的是，如今能让孩子充分进行运动的机会在急剧减少。对此该如何应对，是我们成年人的重要课题。在生活中，一天中的每个环节都是环环相扣的，一个环节出现差池，那么整个循环都会受到影响。反之，哪怕改善生活中的一个环节（特别是运动方面），也会产生连锁反应，使得其它环节也变好。

由此可见，对教导儿童身体活动与运动方式的幼儿体育指导者，幼儿园保育所的老师们以及父母们而言，幼儿体育的意义是多么重大！

（3）亲子互动体操

为了让孩子从婴儿时期开始就与父母有充分的互动，并且能参与对身体有益处的活动，在此我们有一个提案——积极实践"亲子体操"。首先，在日常生活中创造亲子能一起玩耍嬉戏，一起做体操的机会，和孩子们一起活动，一起流汗。让孩子拥有与爸爸或妈妈独处的机会。做父母的看到孩子在运动时的样子，也会为之成长而感到喜悦吧。如果其他家庭有在进行有趣的运动，也多多参考吧。当孩子在加油努力的时候父母请好好鼓励孩子，让孩子建立自信心，也让孩子能自主思考，培养其创造力。

孩子通过运动，会产生饥饿感，进而促进饮食。孩子到了夜里心乐身疲，自然能酣然入睡。孩子通过实际体验亲子体操，可以有效地改善儿童的饮食和睡眠问题。到目前为止，亲子体操已发展出许多不同的内容组合，但是，要去认真实践这些内容需要社区与社会，乡县市省甚至国家的支持，营造一个全民总动员的环境。拥有这些体验的孩子不管是学习还是运动都能轻松掌握，进一步成长为在家庭与社会中能与人良好沟通的年轻人。

欲速则不达，所以成年人要从婴儿时期开始就注重孩子的生活及互动体验，特别是通过运动获得的经验与感动。

【参考文献】
1) 前橋　明：子どものからだの異変とその対策、体育学研究49、pp. 197-208、2004.

资料 1 亲子体操海报

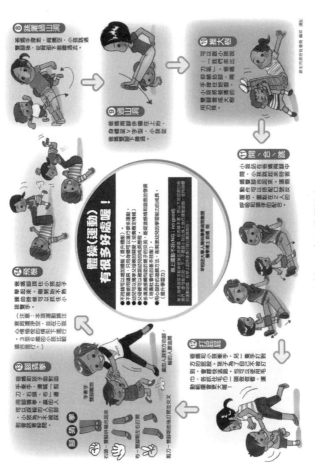

资料2 亲子体操海报

40　理论篇

资料3　亲子体操海报

资料4 亲子体操海报

42　理论篇

资料5　亲子体操海报

资料 6 亲子体操海报

44 理论篇

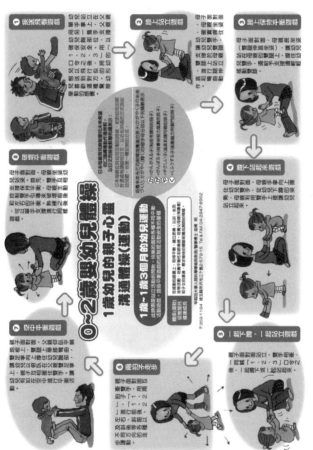

资料 7 亲子体操海报

第 2 章 挑战良好作息规律"吃好,玩好,睡好!" 45

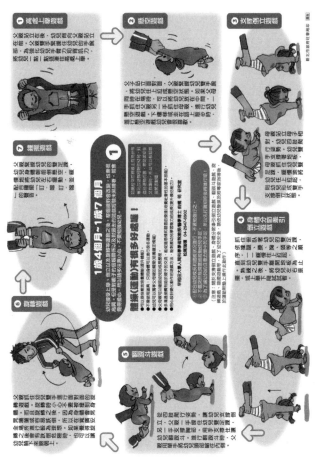

资料 8 亲子体操海报

46 理论篇

资料 9 亲子体操海报

第 2 章 挑战良好作息规律"吃好,玩好,睡好!" 47

资料 10 亲子体操海报

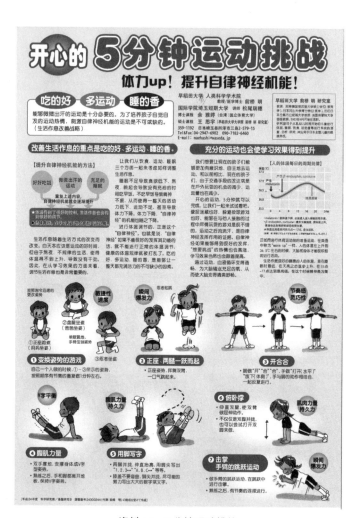

资料11 5分钟运动挑战

第 2 章　挑战良好作息规律"吃好，玩好，睡好！"

资料12　5分钟运动挑战

第3章
运动对幼儿发育的作用和效果

现如今，随着城市化的发展，孩子们可以自由活动的空间逐渐减小，可以让整个身体动起来的机会也越来越少。突发情况下无法用手做出防御，而直接伤到脸的孩子也越来越多。如果是平常勤于运动的孩子的话，摔倒的时候就可以熟练地用手撑地翻个跟头不会受伤。但是，如果因为运动不足导致神经反射变得迟钝，用手防御的动作也会变得不自然，就好像疾病发作一样扑通摔倒，很容易骨折。另外，当球飞过来的时候，不能用手抵挡，躲开身体，球就会直接撞到脸上。平时不运动的孩子，他们的身体便不能形成条件反射，在危险降临时本能地躲避危险。

幼儿就是要通过各种运动游戏和运动实践来强化他们的身体，提高他们的社会性和脑力。对于身体抵抗力较弱、容易患病的幼儿来说，对他们身体健康的充分照料自然是必不可少的。

即便如此，如果像"感冒了很麻烦所以不要外出"、"有紫外线所以不要在外面玩"之类，未免有点小题大做，让幼儿远离运动，最终导致幼儿运动不足，在身体健康上也会带来一定的负面影响。

孩子若对运动敬而远之，不仅全身肌肉发育迟缓，也妨碍培养平衡感。特别是，背肌力被认为显著低下的这一阶段，有无运动经验将对幼儿的健康产生很大影响。而现实情况的发展趋势是，人们逐渐减少了身体活动。

对于幼儿来说，身体的活动和运动不仅能提高体适能，也能培养作为人类的基本生存能力，并为形成人类该有的生存方式打下基础。但若没有基本的体适能，就无法培养耐心和注意力。培养一个健壮的孩子，让他即使遇到挫折也不气馁，而是能够靠自己的力量克服困难，让他在户外与伙伴们一起尽情地运动，十分重要。幼儿长时间进行活跃动作的运动游戏，自然就会训练出持久力，在此过程中，呼吸循环功能也能得以提升。而用力活动的幼儿更能增强力量，并提升奔跑能力。另外，有些幼儿还可以形成身体自如活动的协调性，形成高综合体适能。

一说到提高体适能和健康促进，人们就会单纯地往身体方面想。

其实，它们与人格和智力的发展也密切相关。它们使孩子面对外部世界，能够积极主动地行动，提升生存意志，促进健康。反之若什么都不做的话，身体素质和精神均会衰退，不仅容易生病，也容易变得内向。而如若拥有健康，则不光会产生自信，也会拥有冒险心。如上所述，健康、身体素质的早期培养对性格形成也有很大影响。

幼儿所进行的运动，即便非常简单，也绝对离不开发达的大脑活动。人类但凡活着，就必须进行身体活动。因为靠着这些，才能发育、发展，才能维持生命。总之，幼儿期应该是这样一个时期，幼儿们在此期间通过（哪怕只是渐进地）促进身体活动，扩大自己的生活空间，培养社会性及情绪等方面的诸多能力。

如此积极地促进身体活动，对于作为一个人类的综合发展起到了十分重要的作用。作为发育期最大的刺激要素，身体活动若缺失，会导致幼儿无法充分发挥潜能。

无论如何，作为发展刺激的要素，运动的实践有助于身体成长，并进一步帮助情绪的发展、社会态度的养成，培养关注健康、安全的能力，促进人格的形成。

因此，就来看看运动游戏及运动实践对于幼儿健全身心的发展，究竟起到了何种作用吧。

1. 促进身体的发育

运动与身体的发育和发展，是不可分离的。适度的身体活动及运动实践，会促进身体的发育。具体来说，全身运动能加快身体内的代谢，促进血液循环，从而有助于骨骼肌肉的发育。

通过运动，肌肉会逐渐变粗，力量也会成比例地增强。反之，若肌肉得不到使用，就会产生废用性萎缩，肌肉变细，力量也会变弱。也就是说，肌肉是要通过运动得到强化的。玩沙、掷球、荡秋千、滑滑梯、攀登支架等游戏，不需要带着特别的动机，在自然而然的过程中，就能够增强肌肉力量和呼吸循环功能，促进身体各部位的成长。

总之，通过运动，体适能和健康水平都能得以提高，而体适能和健康水平的提高，会使得幼儿喜欢上更活跃的运动游戏，并进一步促进身体发育。

2．发展及促进运动功能

通过身体活动，能够刺激并发展相关各功能。但每个时期，会分别存在一些特别发达或并不发达的功能。例如，幼儿的神经功能在出生后会表现出十分显著的发育，并在六岁左右达到成人的90%左右。

由于运动功能处于脑神经系统的支配之下，在神经功能急速发展的幼儿期，体验各种运动，并构建支配运动神经的中枢回路就显得十分重要。另外，由于在幼儿期形成的神经支配中枢回路很难消除，在这一时期的运动机能开发一般以协调性为主。

通过运动来发展运动机能，幼儿就会自发地产生使用该功能的倾向。由此运动机能将得以提高，并在幼儿期结束的时候发展到相当的程度。

如此，通过多样的运动经验，给予幼儿的身体以发育刺激，就能充分提高幼儿体适能，使其协调性、平衡性、柔软性、敏捷性以及节奏、速度、肌肉力量、持久力、瞬间爆发力等得以综合提高，并能辨清空间的方位和方向。

也就是说，追求孩子身体的平衡性与稳定性的提高，增强身体各部分运动的相互协调，做到全身或各种部分动作的协同是完全可以的。另外，若孩子能身体匀称，并能够合理进行肌肉的协同运动，就可以提高运动的准确性及速度，避免无谓的能量消耗。这样，孩子就能具备基本的运动能力，并掌握节约能量的方法。

3．增进健康

全身运动不仅可以改善血液循环，还可以促进心肺和消化器官等内脏的工作。另外，通过反复运动，幼儿还能提高对外界的适应力，皮肤也能得到锻炼，养成耐寒而不易感冒的体质。

也就是说，对于提高对寒暑的抵抗力、增进体适能、提高身体对外界的适应能力、保持健康，全身运动都起着十分重要的作用。

4．情绪的发展

情绪的发展离不开运动游戏与运动实践；另一方面，伴随着情绪的发展，幼儿的运动游戏与运动内容也相应发生改变。也就是说，运动与情绪的发展之间也有着紧密的相互关系。

情绪从生理兴奋的角度，可以分为快乐和不快乐两方面，还可以更详细地分为爱情、喜悦、愤怒、恐惧、嫉妒等等。而五岁左右的孩子，就几乎掌握了所有情绪的表达。

情绪的发展，是从日常的人际交流中逐渐形成的。而在孩童时期，建立人际关系的媒介就是游戏，通过游戏，逐渐形成、强化了孩子和父母、兄弟、朋友等之间的人际关系。

而且，运动游戏也是消除孩子在日常生活中所产生的不安、愤怒、恐惧、欲望、不满等等负面情绪的一种安全、有效的手段。

此外，一些生理、心理上有些障碍的孩子，父母出于担心，常常会过度地限制他们的户外运动，让他们在缺乏团体交流的状态下成长。在自闭症儿童中，也不乏有一些虽然有着足够的体适能，却不去释放自己的运动能量，而把自己关在自己的世界里，使得情绪不能健康地发展。

因此，弥补上述经验的不足，唤醒儿童体内沉睡的运动能量而使之充分燃烧、发热，对于孩子的情绪方面和精神方面的发育都是至关重要的。对于比较多动的孩子来说，也是一样，要在大汗淋漓的运动之后，适当的平静一下。

如果因为多动，就刻意地去限制他的运动，反而会让孩子变得更加多动。因此，不管从哪一方面看，运动都对孩子的健康情绪表达有着至关重要的作用。

5．促进脑力发达

孩子从小就靠着以运动游戏为中心的身体活动，来区分自己和外界，识别和自己接触的人的态度，以及学习物品的性能和使用方法。一些旨在培养知识学习能力的运动游戏，不仅可以培养孩子正确感知、识别物体的能力，还可以培养孩子分辨事物的异同；要让孩子借助想象力，尽可能地将各种物体当成玩具，例如：将一块大石头作为鞍马、跳台，或者有时直接想象成马也可以。

像这样的运动游戏，可以提高孩子们的想象力，培养孩子们的创造力，促进孩子们的脑力发育。在思考运动器材和自然事物应该如何使用时所花费的心思，可以培养孩子们的思考能力。通过各种各样的使用运动器材的运动游戏，孩子们便可以认识并学习到这些器材的使用方法、物体的意义、形态、大小、颜色以及构造等等。虽然对于脑力的发育来说，让孩子们自己去探索、确认、尝试是很重要的，但是指导者不时地给予一些指示，或是告诉孩子们物体的性质和功能也是非常有必要的。

此外，在运动游戏中，不断反复积累的成功或失败的经验对于孩子的脑力发育也是很重要的。在和朋友一起运动的过程中，儿童可以自然而然地提高自身的认知能力和思考能力，并学会团队思考能力。而且，要逐渐扩大孩子的模仿对象和运动范围，儿童就是通过对自己和他人的学习，来理解自己和他人之间的人际关系的。另外，为了获得跟自己的能力有关的知识，他们也会和他人的能力进行比较。

从生理学的方面来看，大脑的机能，是通过细胞之间结合的精密化和神经纤维的髓鞘化来逐步提高的。所谓"用进废退"，神经系统也需要依靠适度的使用来促进发育。

6．社会性的养成

在孩子和小伙伴一起运动的时候，应该要求他们遵守秩序，和大家建立好关系。另外，要让他们建立一个相互之间必须共同遵守的规则，并让他们共同信守。在实际运动中，为了丰富孩子们对团队的理解和对合作的态度等社会性知识，要让他们充分地体验团队合作，从而掌握在未来社会生活中所必须拥有的态度。

也就是说，在各式各样的运动实践中，不能光是听从指挥被动地参与各种活动，更要通过和伙伴们一起运动，来培养对人的认知能力以及社交性的行动力。通过和伙伴们一起运动，可以了解规则的重要性，一边调整自己的预期，一边尽情享受运动。

7．治疗的效果

各种各样的运动障碍,都是由于大脑发出的协调指令不顺畅或者不被接受导致的。运动障碍治疗的目标就是恢复运动状态、动作、或者说是运动机能,通过顺应各种状态做出身体活动,来达成肌肉、平衡、姿势、协调、运动感觉(感知自己的身体各个部位正在进行怎样的运动的能力)、视觉、知觉等在日常中组成运动的各因素的协调。

运动机能的发育不足,会剥夺、抑制孩子们独立生活的能力以及享受运动的能力。因此,通过在运动游戏以及运动实践中学到的正常、有效的运动节奏,便可以满足与孩子的能力相适应的运动要求。

此外,对于言语有障碍的孩子,因为他们不能很好地表达自己的想法和感情,所以他们更需要通过各种各样的运动来释放自己的感情和情绪。

8．提高自我保护的能力

掌握一定的运动技能,可以学到一些保护自己的技能,有利于提高自我保护能力。此外,通过养成遵守规则和指示的能力,也可以在一定程度上防止事故的发生。

9. 养成好的生活习惯

"健康的睡眠,有利于建立健康的生活节奏"、"将运动后的空腹感与治疗挑食的指导相结合,有利于养成良好的饮食习惯"、"根据擦汗、洗手的指导,有助于养成爱干净的习惯和态度"等等基本的生活习惯,皆可以通过运动来让孩子们养成。

通过各种各样的运动体验,让孩子们充分体会到身体活动的乐趣,便可以让他们在日常生活中也可以自己积极地进行运动。并且可以让他们体会到"让身体动起来去运动是快乐的"。

总之,通过充满力量的运动满足孩子的活动需求,让他们体会到运动本身的乐趣,

这种乐趣可以激发出他们积极的自发性,让他们在今后的日常生活中也可以养成保持运动的良好习惯。

这种促进发育的运动实践,不光是促进身体上的成长,在情绪的表达、社会性态度的养成、健康和自我保护能力的培养,以及形成良好的人际关系上都是不可或缺、至关重要的。

第 4 章
儿童的发育发展

1. 婴儿期的发育发展与运动

婴儿出生时体重约 3kg，男婴会相对较重。出生时体重低于 2.5kg 的婴儿被称为低出生体重儿，出生时体重低于 1kg 的婴儿被称为超低出生体重儿。

婴儿体重的增长规律如下：3～4 个月时约是出生时体重的两倍，1 年之后为约 3 倍，3 岁时约 4 倍，5 岁时约 6 倍。出生时身长约为 50cm，头三个月长得最快，大约可以长 10cm 左右。在第一年，大约可以长 24～25cm，一岁到两岁的时候约可以长 10cm，在这之后，逐年增长 6～7cm，到 4、5 岁的时候身高约是出生时的两倍，到 11，12 岁时约是 3 倍。

运动的发展到婴儿能开始直立行走为止，会有各种形式，在此之后，手和手腕作为抓握器官开始发育。首先，在出生约 2 个多月时，身体能左右转动（翻身的前一阶段），接着到了 6 个月左右的时候，能一个人坐立，到了 8 个月左右的时候能匍匐前进，之后身体能逐渐开始离开地面。这个时期，孩子逐渐能学会抓物站立，扶着东西走，直到直立行走，但是千万不能忘记，只有人为地积极地为孩子创造环境，才是婴幼儿正常发育发展的最佳保证。于是，到了入学年龄的时候，孩子基本上能掌握一生中日常所需的运动技能。在这个时期，虽然孩子有很强的运动诉求，但特征是容易厌倦。

2．反　射

从新生儿时期到婴幼儿时期，由于大脑机能处于欠发达状态，动作基本上都是反射性动作。这种反射随着成长发育逐渐消失，称之为原始反射。

原始反射最具代表性的几个反应包括吸允反射、追踪反射、抓握反射、摩罗反射等等，通常原始反射将会随着脑部的发育逐渐消失。原始反射在一般的幼儿健康诊断中，也会被认为是脑性麻痹与精神迟滞儿童的表征，以供参考。

3．发育的顺序性

人类的成长具有一定的顺序和方向性，从头部往身体下方、从中心部分往四肢方向、从粗大运动到精细运动进行。发育发展还有一定的连续性，有急速发展时期，也有稳步发展时期，还有停滞发展时期。

运动机能的发育发展有以下3个特征。

①运动机能的发育从头部开始往下肢方向发展。
②从身体的中枢部位往四肢末梢部位发展。
③从只能用大块的肌群进行大运动,逐渐发展分化到可以灵巧地使用小块肌肉进行精细运动和协调运动,直到可以进行随意运动。

4．幼儿期的发育发展与运动

如图4-1所示(Scammon发育曲线),幼儿期时,神经型的发育程度约到成年人的90%,而一般型的发育发展还极其不成熟。所以指导者在指导幼儿期的孩子时,希望能让幼儿多进行以感觉、神经系统为中心,锻炼协调性、灵敏性、平衡性、技巧性等身体调整力的运动。

但是,这里有一点请大家不要误解。那就是,这个时期儿童肌肉、骨骼系统的发育程度虽然仅仅只有成人的30%,指导的时候也不能轻率地认为运用肌肉力量的运动没有意义,让孩子拥有与之年龄相符的肌肉力量是很有必要的。

在考虑提高幼儿运动机能的时候,首先要着重做那些幼儿能身体力行的动作。一开始,幼儿不能做精细运动,能进行的大多是全身性运动,到了4～5岁左右时可以单独进行手指或者指尖的运动;到了5～6岁时,会有独创性的发展,也会有情绪成长,这个时候在孩子的游戏中加入一些体育运动的成分是十分重要的,通过竞技和游戏,发展孩子的运动机能。

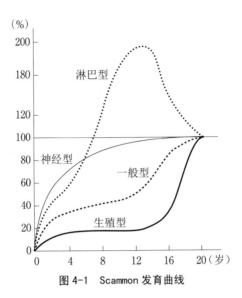

图 4-1 Scammon 发育曲线

6 岁孩子的跳跃距离将近 3 岁孩子跳跃距离的 2 倍。这是由脚部肌肉的发育和身体协调性发展的结果。

在投掷运动中,即使有很大的臂力和腕力,如果不能抓准球脱手的时机,距离也扔不远。

悬垂运动不仅受到肌肉耐力的影响,更会受到要持续坚持的意志力影响。

幼儿期的运动能力,特别是协调性的发展,基于大脑皮质层中运动领域的发展,增长速度极快,不论性别,一般到了 4 岁的时候,儿童的协调性会迅速提高;这是因为脑垂体细胞在 4 岁左右时,会加速发育,而肌肉和骨骼也会在这时同步发育发展。

我们必须要理解，每个孩子的发育速度是不同的，存在相当大的个体差异。判断运动机能的发展，不能仅以做得到、做不到为标准。

到了儿童期，用来控制身体的协调性会有飞跃性的提高，加之肌肉的增长和婴幼儿期时显著发展的神经系统，孩子变得能够进行复杂的活动或运动。在实际的运动表现上，从婴幼儿时期单纯的游戏，变得可以进行带有体育项目、规则复杂的游戏，或是更有组织性的运动体育游戏。

5．运动发展规律

在幼儿期，大脑的脑细胞回路尚未充分形成，不能进行如知觉、判断、思考、运动等高级行为与情绪的处理，无法进行适应性行动。

大脑皮质具有创造运动定式的能力，通过反复进行一定的运动可以使神经纤维相互连接，在脑细胞之间形成回路，这个回路就是运动定式的命令中枢。为了能让身体做出合乎目的的自然动作，感觉系统的作用以及指挥身体运动的中枢神经系统的作用十分重要。

比如说，没有骑过自行车的人，即使手脚的神经和肌肉再发达，也不能一下子就熟练地学会骑自行车。对孩子来说，只要大脑皮质中形成了能让身体适应骑自行车的神经回路，那么大脑的命令就能使运动神经系统和肌肉系统互相协调，使得一开始散乱的运动神经感觉统合在一起。

运动分为有意识的运动（随意运动）以及与意识无关的反射运动。在运动发现的过程中，用于信息接受与传递的五种感觉器官（视觉、听觉、嗅觉、味觉、触觉）接受外界的刺激，向大脑传递信息，大脑对信息进行认识、分析、调整、判断之后对肌肉系统如何进行活动做出指令，进而身体做出反应。外来的刺激通过感受器（眼睛、耳朵、手等感觉器官）把感受转换成电信号通过感觉神经传递到大脑。大脑把这些情报进行比较、判断与决定之后，将情报转换成命令通过脊髓与运动神经系统传递到实行动作的效应器（肌肉），肌肉自动调节收缩，产生运动，动作的信息也会不断地向神经中枢进行反馈。

仅靠大脑发出指令，并不能满足各种各样的运动模式。正确地识别信息，并依从大脑发出的指令而灵活控制肌肉活动的

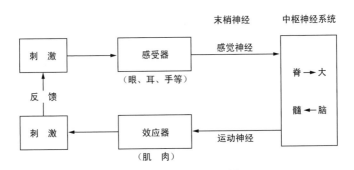

图4-2 身体运动的发展过程
（前桥　明：幼儿体育，明研图书，p.13，1988）

人，其运动神经都是十分优秀的，因为即使是用肌肉进行同一个动作，基于大脑能否准确快速地传达指令，其结果也会有巨大偏差。

人们开始学习新动作时，往往是笨拙、刻意的动作，但是通过不断反复练习，就会变得顺畅，然后便能慢慢不依赖意识、逐步变成反射性动作，并发展成为具有效率的机械化动作，这就是运动技能发展的过程。

就好比儿童明明还没学会独立行走就突然学会跑步那样，想要改变运动发展的顺序是不可能的。由于运动机能的发展，可以通过对儿童的动作进行判断，让第三方也方便观察，掌握儿童成长发育所处的阶段。但是，我们需要记住的是，每个孩子成长发育的时间都是不同的，唯有陪伴着孩子共同成长才能对孩子的发展给出中肯的判断。

第 5 章
幼儿期的体适能、运动能力、运动技能的发展

1. 体适能（physical fitness）

关于什么是体适能，有很多种看法，也有很多种定义。本文所述的体适能的定义是指人类生存活动所必要的身体能力，与英语中 physical fitness 同义。这个意义上的体适能，主要包括两个方面：

第一，能够战胜外界刺激的危险并维持身体健康的能力，对疾病的抵抗力，适应寒暑，对致病细菌有抵抗力，这些统称为身体的防御力。

第二，在进行体力劳动、体育运动等活动时所必须的能力，能积极活动身体的能力，称为身体的行动力。

也就是说，所谓体适能是指由应对各种压力的抵抗力与积极进行活动的行动力综合而成的能力，下文就行动力的层面进行简单的介绍说明。

（1） 身体的驱动力

1）肌肉力量 (strength)

所谓肌肉力量是指通过肌肉收缩而产生的力量。即通过最大程度肌肉的收缩能产生多少力量，用 kg 表示。

2）爆发力 (power)

所谓爆发力是指在极短的时间内瞬间产生，驱动身体进行活动的力量。

（2） 耐力

也可称作持久力。耐力大致分为两种，一种是长时间进行持续动作使肌群处于负荷状态的能力，即肌肉耐力（muscular endurance），另一种是能保持长时间全身性运动的心肺功能的耐力（呼吸、循环系统），即心血管耐力（cardiovascular/respiratory endurance）。

（3） 正确的发力（协调性）

能综合身体的各种动作，使身体能正确、流畅、有效率地发力，做出动作，称为身体协调性。协调性与平衡性、敏捷性、技巧性等体适能要素相关。

1）协调性 (coordination)

是指身体适应体内外的刺激，把两个以上部位进行的运动融合成一种的能力，在学习复杂运动的时候有重要作用。

2）平衡性（balance）

平衡性是指能保持身体姿势平衡的能力，有在走、跳、跨等运动中保持平衡的动态平衡能力，也有在静止状态下保持平衡的静态平衡能力。

3）敏捷性（agility）

指身体迅速活动、转向，对外界刺激的反应能力。

4）技巧性（skillfulness）

让身体能正确、迅速、流畅地做出符合目的的动作，有灵巧，巧妙的含义。

（4）流畅地发力

1）柔韧性（flexibility）

指身体的柔韧程度，身体能向各种方向弯曲伸展的能力。柔韧性越是出色，动作就越漂亮，越流畅。

2）节奏（rhythm）

能通过音乐、节拍等进行协调漂亮的连续运动，与运动的协调性和效率相关。

3）速度（speed）

表示物体运动的快慢。

2. 运动能力（motor ability）

通过观察人体的发育以及体适能、运动能力可以发现，这些发育发展有一定的规律。以人的身体机能为例，如果补充营养就会有一定程度的发育发展，但是如果不积极运动，那么身体机能就会萎缩（身体机能低下）。另外，如果使用过度，那么又会有引起功能障碍的风险。所以，身体要正确地使用才能发展。

本文所述的"发育"，既有英语中"growth"的含义，亦指身高体重等身体形态的变化（增大）。其次，"发展"既含有英语中"development"的含义，亦指提高肌肉力量、爆发力等身心功能的变化（增长）。

婴儿期的运动发展以神经组织的发育发展为中心，此时婴儿的髓鞘也在急速发育。婴儿的身体运动，先从四肢开始，之后是颈部，颈部肌肉发展使得婴儿可以支撑头部。婴儿到了7、8个月左右大的时候开始能独坐，并逐步具备平衡感。随着手脚开始逐渐具备协调性，手、脚、腰部的肌肉得到发展，婴儿开始能支撑自身的身体，开始匍匐前进（爬行能力）。

随着婴儿爬行能力的发展，平衡感进一步增强，婴儿逐渐能开始直立、步行。这些一系列的发展，虽然会有一定的个体差异，但一般都在1年零2、3个月的时候完成。

到了幼儿期，孩子开始逐步具备奔跑、跳跃、投掷、悬垂等基础运动能力。一开始的时候，婴儿能做的大多是全身性运动，不能做精细动作，到了4～5岁左右时，手指或指尖的动作才变得灵活。

纵观整个幼儿的发展阶段，要让孩子的运动能力得到发展，重要的是让孩子自发地去反复去体验有趣的游戏。也就是说，到了3～4岁的时候，要通过游戏来发展孩子的运动能力。

到了5～6岁时，则需要一些有针对性的具体指导，让孩子通过竞技和游戏体验，使得运动机能和体适能同步发展。

这里说的运动能力，是指全身的机能，特别是神经感觉系统和肌肉系统所构成的综合能力。另外，孩子的跑、跳等基础运动能力在幼儿期时，特别是3～5岁时，增长十分迅速。

在这当中，跑步运动由于是全身的整体运动，和肌力以及心肺机能（循环系统）的发育有着紧密联系。跳跃运动是由腿步肌肉瞬间爆发所进行的运动，跳跃距离的长短，与摆臂和腿部伸展的协调性有着紧密联系。6岁孩子的跳跃距离将近3岁孩子跳跃距离的2倍，这是腿部肌肉的发育和身体协调性发展的结果。

在投掷运动中，儿童即使有很大的臂力和腕力，如果不能抓准球脱手的时机，距离也扔不远，特别是运用上投法远距离投球的时候，需要让力量从脚到手腕依次传递来进行，在上投法远距离投球项目中，4岁半之后，男孩会比女孩更有优势。

悬垂运动不仅受到肌肉耐力的影响，更会受到要持续坚持的意志力影响。

3．运动技能及通过运动培养的能力

（1） 运动技能 (movement skills)

下文介绍在孩子幼儿期时需要关注的 4 项基本运动技能。

1）移动系运动技能 (locomotor skill)

走、跑、爬、跳、滑步、游泳等身体会发生位移的技能。

2）平衡系运动技能 (balance skill)

保持平衡,保持身体姿势稳定的技能。

3）操作系运动技能 (manipulative skill)

投掷、踢球、打击等对其他物体进行操作的技能。

4）非移动系运动技能【在固定场所的运动】(non-locomotor skill)

悬垂运动,或是在原地按压或拉伸等的技能。

（2） 通过运动培育的能力

1）身体认知能力 (body awareness)

认识并了解身体各部位(手、脚、膝盖、手指、头、背部等)及其功能(肌肉运动的功能)的能力。能够认知自身的身体如何进行运动,保持何种姿势的能力。

2）空间认知能力 (spacial awareness)

能理解自身以及周围的空间,理解身体的方向位置关系(上下・左右・高低等)的能力。

第5章 幼儿期的体适能、运动能力、运动技能的发展 73

所谓运动能力，是指身体素质与运动技能所综合而成的能力

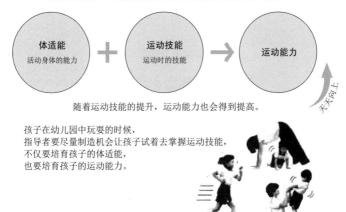

图 5-1 运动能力与身体素质的关系

第 6 章
运动指导的要点

幼儿期运动指导的关键,要把"孩子经历了怎样的心理活动"、"孩子体验了怎样的心情"等"内心活动"带到指导中,作为幼儿运动指导的第一要义,而不应该将通过运动实践提高幼儿的运动能力作为主要目的。也就是说,要给孩子创造一种心理状态,让他自主地进行身体活动。

1. 指导原则

孩子们的生活是以玩耍为中心的,通过对各式各样运动游戏的体验,可以达到身体性、社会性、知识性、精神性、情绪性等幼儿体育目标的发展。而这些各式各样的幼儿体育游戏,应根据以下的基本要求进行指导:

1) **选择一个可以让孩子们感受到运动的快乐的环境和合适的指导方式非常重要。**
   ①让孩子们可以体验到"恣意活动身体的喜悦"的运动游戏。

②孩子在运动的时候，会产生对未知挑战的紧张、不安等情绪，边想着"应该可以吧，应该可以吧"，边试着去做，最后竟然做到了之前做不到的事，这种充满成就感的喜悦对孩子来说，会变为极大的自信，从而产生想要再试试下一个的欲望。当指导者遇到这种情况的时候，要通过认可孩子的努力，并给予大大的赞赏，从而培养孩子的自我肯定感。

③在出现了好胜心的幼儿期后期（5～6岁），则不要一味强调和他人竞争，让孩子去挑战自己的纪录也很重要。

④运动游戏比起提升运动能力，更可以让孩子在完成之前不能完成的事情后，感受到运动的喜悦和魅力。

⑤孩子的游戏大多从模仿开始，可以让他们充分体验变身为身边的人、物以及动漫角色的乐趣。

2）确保有足够的运动量可以促进孩子的身心发展是非常重要的。

近年来，孩子运动不足的现状让人十分担忧。为了顺利进行游戏，小伙伴、空间和时间三个要素是非常重要的，而这三个要素正存在于以集团形式进行保护培育的保育园和幼稚园中。对于幼儿期的孩子来说，最好可以通过在户外和小伙伴们活跃的运动，使其确保达到喘气、出汗程度的运动强度和运动量。

3）掌握运动动作

运动技能不是可以自然而然地掌握的，而是要通过必要的身体活动的反复训练来掌握的。已经掌握的技能如果需要提高，也要通过身体活动的一次又一次的反复训练。对处于幼儿期的孩子来说，不要把反复的身体活动当作练习，而要设定一个可以让孩子带着兴趣玩得忘乎所以的环境，这一点是非常重要的。

2．指导内容

关于指导的内容，最重要的是要通过各种各样的游戏，让孩子们可以快乐地感受运动。指导的内容一定不能单一。

关于指导的流程，一般是由导入、展开、整理等三个部分构成。以下列举一些指导者的具体注意事项：

①确保充足的空间，确认周围没有可能会影响教学的人或物之后，再安全地展开运动指导。另外，关于安全的一些规矩，要在课程开始前跟孩子们说好。例如，如果孩子的衣服乱了，为了确保安全，要先整理好再开始。

②对于害怕的孩子，不要勉强地让他去做；而如果有孩子遇到做不到的事情也努力参与，就要多多地对他的努力给予鼓励和夸奖。

③指导者讲话时，采用可以引起孩子兴趣的讲话方式和一些较为容易理解的词汇是非常重要的。另外，讲话的时候，要注意看着孩子们的眼睛。

④指导者在示范给动作的时候，动作做大，容易理解，精

神饱满是非常重要的。这样一来，孩子们便会产生一种想要试试的心情。但是，孩子们也会模仿大人们不好的习惯。因此在做示范的时候，一定要保证动作的正确规范。特别是要伸展的时候就完全的伸展，要弯曲的时候要充分的弯曲。

⑤微笑进行活动，营造一个愉快的氛围，让孩子们感受到"快乐"和"开朗"是一个重要的要点。而且，指导者一起参与从心里感到快乐的活动，一起感受活动的乐趣和快乐也非常重要。

⑥让孩子们感受到大人的身体大小和力量强弱，这一点也非常重要。当孩子们实际感受到大人的力量强度和可依赖度时，就会变得更加可信赖，当然，也要注意用力恰当。

⑦最好选择一些简单但可以使身体充分运动起来的动作，并且不时地让身体上下或者旋转，尝试着变换运动的方向吧。

⑧天气冷的时候，为了让身体可以暖和起来，选择一些动作比较多的内容吧。

⑨关于游戏内容，要注意要先易后难，慢慢增加程度。但是，偶尔让内容难一点，给予适当的紧张感，可以让孩子们有一定的新鲜感，在运动时注意力更加集中，这一点也非常重要。

⑩当孩子们发现了有创意的或是可以增长体适能的好活

动时，要多多地表扬，给他一种教育性的优越感。
⑪虽然给予孩子一些怎么做会比较好的建议很重要，但给他们时间，让他们自己去思考解决的方法也很重要。
⑫在孩子们不理解的时候，去帮助一个具体的孩子，触碰他的身体进行指导的话，就可以有助于孩子们更好的理解这项活动。
⑬对于拼命努力做的孩子，好好应对是非常重要的。做得很好的时候、努力去做的时候和动脑筋的时候，去用力的表扬他吧。这样一来，孩子们就会充满干劲，因为被表扬而变得自信满满。
⑭让孩子们知道，即使是身边的道具和废弃的材料也可以在愉快的运动和玩耍中起到很大的作用，这也是非常必要的。

3．希望指导者做的事情

为了维持孩子们的健康，并且让他们身心健康地生活，希望身为指导者的各位可以做到以下四点。
①指导者重新审视自己的生活，将适度的运动加入到生活中是非常重要的。这个时候，请在理解了体温规律的基础上，鼓励孩子们在白天参与运动游戏，充实他们的生活。
②对于可以轻易做到的运动游戏，请和小朋友们一起去

做、一起流汗。

③请在庭园设计上下功夫，让孩子们产生想要去玩的欲望。让他们体验到远远胜过电视、视频的运动游戏的魅力与快乐。

④利用接送的时间，介绍一些可以让家长和孩子可以互动的简单体操，带来家庭的实践活动。

希望各位从现在开始积极参加与运动指导相关的研讨会，以指导者的身份共同钻研。最重要的是，为了让孩子身心健康地成长，要让越来越多的人像指导者这样了解"运动、营养以及休养"的必要性和培养正常作息规律的重要性。

人类本身就是"日出而作，日落而息"。

但是在如今昼夜不分的夜型社会，对孩子们的身体的照顾变得慢慢跟不上了。从而导致现在的孩子从哺乳期开始，睡眠的规律就被打乱，并且由于生活环境的近代化、便利化，社会逐渐变得不需要动用身体，导致很容易让身体产生负担。因此，对于孩子们，应该将让他们顺应太阳的规律生活这件事重视起来，在白天让他们充分地接受阳光的沐浴，尽情地享受户外运动游戏。

第7章
儿童户外活动安全以及儿童在运动中遇到挫折的应对

如何才能让孩子们得以在外面健康安全的玩耍呢？

在此将对儿童户外活动安全分为五个部分进行总结：

1）**监护人需要注意**：①注视着孩子们玩耍的地方，②对孩子们进行防止侵犯和被害对策的教育，③掌握孩子们所在的地方，④从日常开始跟周边的人进行交流，⑤休息的时候和孩子们一起玩和孩子之间设立一个安全方面的规则。

2）**要告诉孩子们的事情**：①出门和回来的时候要说"我出去咯"、"我回来啦"和家人打招呼，②出去玩之前要告诉家长准备去的地方，③知道有哪些地方是危险的不能去，④不要一个人玩，⑤在明亮的场所玩，⑥在来往人多的地方玩，⑦遵守和家人的约定。

3）**学校和活动场所需要注意**：①制作安全地图，告诉孩子哪里是危险的不可以去，②开放学校和活动场所，③在校园和活动场所中设置充足的游乐器材，④和社区各方以及监护人保持信息共享，⑤为了培养孩子们关心朋友，要进行充分的道德教育，⑥不管是幼儿、儿童还是学生，为他们创造互相了解的机会。

4）社区各方人士需要注意：①购物或者散步的时候，看看孩子们玩耍的地方，②掌握警察局的所在地，并普及它的存在，③策划一些和孩子们一起玩的活动进行交流，（为了在孩子们有困难的时候可以伸出援助之手，事先建立关系。）

5）政府需要注意：①把可供孩子们玩耍的公园，就近设置在大人们目所能及的地方，或是派出所或消防队等安全管理人员的工作地附近，②制作呼吁大家留意孩子的宣传画，③在孩子们玩耍的公园和游乐场的一角设置紧急按钮和防范监控，有利于保卫安全、紧急保护，④建设一个没有图谋不轨之人的国家（在教育上加大力度）。

就像这样，在监护人和孩子之间设立一个在外玩耍的规则；为了不让孩子遭到侵害而进行的关于预防措施的探讨；在社区各方人士的交流和大人的守护之下，从而得以为孩子们提供一个安全的玩耍场所，让孩子们可以欢快的在外面做游戏。

1．安全玩耍的规矩

①好好穿鞋，不要让鞋被甩掉。
②玩之前摘掉围巾。
③摘下带有绳子的手套
④不要敞开衣服。

⑤放下书包再玩。

⑥不要从上面向下丢东西。

⑦没有老师的允许,不要从高处跳下。

⑧不要在游乐设施上缠绳子玩。

⑨不要玩湿的游乐设施。

⑩不要玩损坏的游乐设施。

2.运动中的挫折及对策

指导者应当根据一些遭遇挫折后的烦恼经历,去思考当孩子遇到挫折时有哪些方法和对策。此处将为大家介绍一些遭遇挫折的案例。

H的经历:我是一个怎样都学不会骑自行车的孩子。在幼儿园的时候,经常看到朋友轻松自如地骑着自行车。"不会骑"成了我的一个瓶颈,渐渐的"我也想要骑自行车"的想法也消失了。那之后,从虽然想骑但不会,变成了连想骑都不说,从不说想骑的话就不会去骑,到不去骑的话就没法进步……形成了一个恶性循环且无法自拔。可能是不想看到那样的我,妈妈开始每天陪我练习自行车,把支撑轮从车上拆下来,一边在后面扶着我,一边对我说一些鼓励的话。

一句又一句,都让我受到了很大的鼓励。从那以后,没过多久,我就克服了不会骑自行车的阴影,在朋友面前也可以威风地骑车了。我想这都是得益于妈妈的鼓励。对于经历了挫折的小孩子来说，克服当前的环境是关键。正视挫折、不逃避、有没有给孩子一些激发干劲的鼓励，是完全不一样的。

N的经历：像我这样，头被强行按到水中的话，就会觉得水和池塘变得非常可怕，恐怖的情绪就在我心里迅速扩大了。我觉得运动要在自身感到享受的状态下进行才是最好的。因此，我曾经想如果可以给我创造一个可以尽情享受我感兴趣的运动的环境该多好，不是从幼儿期开始被强制去做，而是自然而然的想做。这样的话，小孩子就会对自己觉得开心、感兴趣的东西拼命努力地去参与。对于孩子的这种心情，一定要好好珍惜和守护；而对于经历挫折了的孩子，就要多加鼓励。

F的经历：我曾经因为不会跳马，觉得非常遗憾。虽然当时也有几个和我一样不会跳的同学，但比起我们，老师会更多地照顾大部分的会跳的同学。记忆中的那时，我非常的懊恼，恨不得马上学会跳马。

因此，还记得那时，每天回到家之后爸爸就当作我的跳箱，陪我练习。作为老师，应该再多想想要怎样指导不会跳的孩子们吧。我认为指导者就应该让孩子们了解运动的乐趣，并为他们营造一个可以愉快地参与运动的环境。

S的经历：我不会在单杠上翻跟头，也不会跳马，并为此反复练习了很多遍，其中有直到我学会为止一直帮助我、鼓励我的老师，也有不管不顾直接进行下一个教学内容的老师，最终那些没有克服的项目，直到现在我还很不擅长，并且有点讨厌它们。

在此，对运动时受挫的调查结果进行总结，可以发现以下几点：

①被调查到的运动受挫情况主要发生在戏水、游泳、跳马、单杠、赛跑、接力、马拉松、爬杆、护垫运动、躲球游戏、骑自行车、套圈等项目上。

②不要无视孩子的情绪、强迫孩子去做、或者在孩子还不熟练的情况下给大家表演；为孩子们创造一个可以无视周围的事物尽情运动的环境是非常重要的。

③营造一种当一个孩子受到挫折，大家可以一起鼓励他的运动氛围是非常重要的，这有助于让孩子们喜欢上运动。此外、从日常生活开始，就要慢慢告诉孩子运动和活动身体的快乐和重要性，这是非常必要的。

④对于不会做的孩子，要耐心对待，和他一起分享成功的喜悦，让他充满自信是非常重要的。例如，对不会做的孩子，再给他一个比现在的内容稍微简单一些的，当他做到的时候使劲地夸奖他，让他体会到"我做到了！"的成就感。

⑤即使是不擅长运动的孩子，也要去发现他的优点，并且介绍给其他孩子，让他充满自信。从这些经历和想

法中我们可以发现，孩子们因为一些小事都会生气、受伤，所以如果我们不去在意生气的孩子，受挫的孩子就会一直记着那种讨厌的感觉。孩子们如果可以自己向好的方向转变固然好，但对于幼儿来说，很难要求他去改变自己的情绪和方式。

因此，周围大人的理解和帮助可以说是非常重要。当孩子虽然没有做好，但却在拼命努力的时候，去表扬他、鼓励他，把他的情绪带向积极的方面是很重要的。

孩子做不到的时候，也要告诉他做不到并不是件坏事，并要让他知道不要害羞反复练习的重要性。这样的话，即使最后没有做到，只要努力了，就可以感受到一种好像做到了什么的满足感。

总之，幼儿期是让孩子们自由自在地奔跑跳跃的时候，但仍旧有很多不能做得很理想的情况。因此，在这样的时期，比起提升运动能力，更重要的是培养孩子认识到运动身体本身的快乐。在这个时期，如果让孩子意识到自己不擅长运动的话，很容易让孩子在今后对运动抱有消极的态度。

另外，指导者和孩子们一起做运动是很有必要的。即使是不擅长运动的孩子，也很喜欢运动后流汗的感觉，他们也希望可以运动身体去感受各种各样的快乐。而且，指导者也要和孩子们一起活动，一起流汗。所谓指导者的天资，就是指掌握了多少可以和孩子们一起做的事。

总之，应对受挫的方法，就是要求指导者尽量地去理解孩子的情绪、让他们不要在意胜败，而是去传达一种运动的快乐。

第 8 章
幼儿体育指导的注意事项

1．幼儿体育指导上的注意事项

这里将为大家介绍一些在幼儿运动指导时的一些重要注意事项。

（1）课程导入的注意事项
1）安全的环境设定

首先要确保有足够的空间，确认周围没有会对教学产生影响的人或物之后，再安全地展开运动指导。另外，关于安全的一些规矩，要在课程开始前跟孩子们说好。例如，如果孩子的衣服乱了，为了确保安全，要先整理好再开始。

根据进行指导场所的不同，比如是在室内还是室外，面积是大还是小，适当改变指导的内容和方法是非常必要的。当然，风险管理也很重要，如果在室内的话，要留意玻璃和家具的位置；在室外也要特别注意有没有可能会掉落的东西、路面有没有坑坑洼洼以及有没有扬尘等等。在进行教学前去捡一捡、挪一挪，减少可能会有的危险。

另外，如果在狭窄的室内进行指导的话，为了防止孩子们之间发生相撞事故，需要把人数分成两批进行指导或者适当导入一些在该场地可以进行活动的内容。

2）服装

关于运动时穿的服装，需要注意：①是否是适合运动的服装；②有没有穿太厚；③如果在屋外的话有没有戴帽子；④鞋子是否穿好了，有没有踩到鞋后面；⑤如果是需要用到软垫、器械等的运动，头上的发卡是否已经取下。仔细检查以上几项，如果有问题的话，一定要将那些问题点妥善处理好再开始进行指导。

关于指导者自身，也请不要忘记注意自身的仪表整洁。不要一边跟孩子讲"请把衬衣收到裤子里面"，一边自己为了时尚把衬衣留在外面。另外，要注意不要在地板上穿着袜子进行指导，容易打滑摔倒受伤，而且这样给孩子做运动辅助也很危险。

意识上让自己成为孩子的榜样非常重要。再者，为了防止自己的手表、饰品等划到孩子们的脸和身体，请先将手表和饰品摘下再进行指导。挂在脖子上的口哨的绳子也要注意，为了不让口哨的绳子缠到孩子身上，在实操教学时要注意不要让口哨在脖子下晃荡。穿着戴帽子的衣服进行指导时也一样，因为有可能会遮挡视线或者妨碍活动，要注意调整。

为了不抓伤孩子的脸和身体，提前剪好自己的指甲也十分重要。

3）指导者的站位

在室外进行指导的时候，时刻注意太阳的位置和风向是非常重要的。如果指导者的位置使得听讲的孩子们向阳或者逆风站着，孩子们会觉得晃眼或者忽冷忽热，很难集中注意力，因此需要选择一个可以让孩子们背对太阳和顺风的站位。

另外，如果在孩子们的面前有其他玩得很开心的孩子，或是有车辆进进出出，这样孩子们的注意力就会被吸引，无法集中精神听讲。因此，在选择指导者站位时，请不要让孩子们的正前方有除了指导者以外的可能会吸引目光的人和物。

在对一些年纪较小的孩子们进行指导的时候，在集合的时候，要固定站位，也就是说，当指导者的站位固定了，会给孩子们一种容易理解的安心感。当指导者的声音响起的时候，孩子们可以很容易的预测到"老师大概在这个方向吧"，这样孩子们集合解散的速度就会变快，效率变高。

4）队形

在把孩子们召集起来进行指导的时候，采用横向排开的队形比较好。如果是横向排列，那么声音不仅容易传到后排，孩子也更容易和指导者产生眼神交流、能提高孩子的注意力。

但是，如果是按纵向排列将孩子们召集起来的话、说话的声音就很难传递给后面的孩子，孩子也不能清楚地看到指导者的示范，并且也不能感受到指导者的视线。

需要注意的是，不管是哪一种队形，指导者需要有意识地在教学过程中注意把所有孩子都纳入其视野中，如果超出指导者的视野范围,即使距离再近孩子也很难感受到指导者的视线,使得无法保持注意力。

5)整队·和孩子们之间的距离

每当朝着孩子喊:"集合!"的时候,孩子们就会争先恐后地向指导者跑去。孩子们多怀有"想成为第一名!","想多亲近最最喜欢的老师"的心情。在这种情况下,如果指导者的身后没有一点空间,比如靠着墙壁的时候叫孩子集合,会使得自己没有足够的活动余地。所以,在召集孩子们集合的时候,站在自己原本站位的稍微前面一点,等孩子都叫过来了之后,自己再后退几步,要注意和孩子们保持一定的距离。像这样和孩子们保持适当的距离,孩子们可以更容易地看到指导者的示范,指导者也更容易和孩子们产生眼神交流,就可以更加游刃有余地进行指导。

另外,课前课后进行问好的地方选在同一处,这对于一些年龄小的孩子来说,从习惯养成和便于理解的角度来看也是非常重要的。在进行整体说明的时候也有固定的场所,能让孩子感到放松。

在整队的时候,注意和左右两边的孩子保持适当的间隔,前后也要留下合适的距离,让孩子们保持相邻的两个人之间互相碰不到手的间隔进行排列,前后再保留一些距离,这便可以很容易的集合快速整队了。要注意相邻两个人之间要用"间隔",前后要说"距离"。

6）说话方式

指导者讲话时，采用可以引起孩子兴趣的讲话方式和一些较为容易理解的词汇是非常重要的。另外，讲话的时候，要注意看着孩子们的眼睛。

在1~2岁幼儿的教学中，因为很难进行语言的沟通，需要和幼儿一起做动作，并给他们做示范来进行教学，这是一种可以促进幼儿理解的好方法。

7）准备活动

准备活动在英语中叫作"warming up"，也就是说要让整个身体活动起来，体温适当升高。这样一来，有利于体内的血液循环，能量供给也能更加顺畅。这样身体达到了一个运动效率很好的状态，也就能很好地降低受伤或者事故的可能性。从距离心脏较远的身体部分先开始活动，然后进行全身活动，逐渐扩大关节的活动度。

当和孩子们面对面进行指导的时候，对于活动的方向，前后、左右等，要有意识地采用镜面指导。此外，例如跑步时要先顺时针再逆时针跑等等，之所以要加入反向的动作，是因为这与促进平衡性的良好发展紧密相连，其次，也可以有效地充实教学内容。

8）分小组

去打雪仗或者滑雪的时候分组最好以平时活动的分组为基础进行。因为在紧急的时候，对于新的小组成员，孩子们很难做好紧急应对。哪个孩子在、哪个孩子不在也很难一眼做出判断。并且在指导者方面,也必须分看孩子的人和负责联络的人,必须保证每个小组最少有两名指导者。

(2) 展开阶段的注意事项
1) 用具、器材的使用方法

关于活动用具和器材,出于卫生方面的考虑,为了长久地保持干净和卫生,要小心地收拾;同时,在安全保证方面,一定要采用正确的使用方法。在准备或收拾软垫时要注意不要拖在地上,对于身体有障碍的孩子,在需要用到软垫的时候,请多多注意事前的消毒和清扫等必要的事情,另外,也请注意不要用脚来挪动软垫。

2) 对害怕的孩子的关照

对于害怕的孩子,我们不要勉强他去做,此外,在孩子遇到做不到的事情也努力参与的时候,就算只是坐着、看看,可以的情况下,也要尽量对他的努力给予一些鼓励和夸奖。

3) 运动量

在寒冷的时候,为了让体温上升,要多进行一些活动,如果指导者说话太多太久,孩子们的身体就会变冷、冻僵,到一种无法练习技术的状态。

另外,如果内容太难、通道太窄、没有可以选择的项目、被分到的人数过多、用具少了的话,等待的时间就会变长,运动量就会骤减。因此必须要想办法在有限的时间内,减少等待的时间,提高活动的效率,这是非常重要的。

4）帮助

在孩子们不理解的时候，针对一个孩子手把手地进行指导，触碰他的身体进行指导的话，就可以有助于孩子们更好地理解这项活动。

另外，让孩子们感受到帮助自己的大人的身体大小和力量强弱，这一点也非常重要。当孩子们感受到大人的力量强度和可依赖度，就会变得更安心和信赖。但是，也要注意用力恰当哦。

当主指导者在场时的辅助，无论如何都要让孩子们可以注意地看着主指导者，此外，要站在不会妨碍到主指导者指导的位置，并且要注意辅助的时间点。拿取或存放器材时候的辅助也一样，如果在孩子们的正面做出一些会扰乱孩子们注意的动作或者发出一些声音，便会对指导造成一些不便。因此在行为和声响方面，一定要注意不要扰乱指导环境。当然，辅助者之间不必要的谈话也要禁止。

5）技术学习

对于年龄较小的孩子，比起用语言解释，直接示范给他们看会更有助于理解。指导者在示范给孩子们看动作的时候，动作做大，易懂，精神饱满是非常重要的。这样一来，孩子们便会产生一种想要试试的心情。但是，孩子们也会模仿大人们不好的习惯。因此在做示范的时候，一定要保证动作的正确规范。特别是要伸展的时候就完全的伸展，要弯曲的时候便充分的弯曲。

最好选择一些简单但可以使身体充分运动起来的动作。并且不时地让身体上下或者旋转，变换运动的方向。

对孩子们来说干劲和自信是非常重要的，所以就请夸张地给予孩子们一些夸奖吧。但是，不能仅仅表扬或鼓励，清楚地说明什么可以做，什么不可以做也十分重要。等到了幼儿期的后半段，因为他们能自己进行活动，在旁边看着变得非常重要。放任他们去玩，可以培养孩子的责任感，所以需要指导者给予良好的启发。

6）维持注意力

幼儿注意力可以集中的时间不长，在一次指导中，大多可以维持 30 分钟到 60 分钟，这也会受孩子们年龄、天气、季节等的影响。另外，一个活动项目，建议进行 10～15 分钟比较好，因为如果持续很长时间对孩子们来说有些勉强，可以用短时间换一个内容继续进行。

关于指导内容，要注意先易后难，慢慢增加难度。偶尔让内容难一点，给予适当的紧张感，也可以让孩子们有一定的新鲜感，注意力更加集中，这一点也非常重要。

为了在有限的时间里让孩子集中注意力听从指导者的教学，声音大小很重要，不仅可以用大声来引起孩子注意，也可以故意降低音量小声说话，产生"老师在说什么啊？"的疑问，引起孩子的兴趣。

7）制造愉快的氛围

带着笑脸进行活动，营造一个愉快的氛围，让孩子们感受到"快乐"和"开朗"是一个重要的要点。并且,指导者也一起从心里感到快乐的活动,一起感受活动的乐趣和快乐也非常重要。

指导者以积极阳光的神采面对孩子,孩子们的表情也会变得积极起来。如果要让孩子产生紧张感,指导者也需要掌握变化神情的技巧。但是,请注意请不要摆出一副让孩子感到害怕的表情。

8)满足感

从简单到难,进行阶段性的指导。对于小孩子,如果一小步一小步地进行指导,他们就会维持一种"我明白了!"、"我做到了!"的想法,便会产生一种满足感。

另外,要想办法不让孩子们等着,不要因为孩子们的站队方式,器材的摆放位置等等,让孩子们心里有等待的感觉。

注意观察孩子们如何使用用具玩耍,不要拘泥于既成的概念,要从各种角度开始展开想象,这在让孩子们维持满足感上是很重要的。

9)激发干劲

当孩子们发现了有创意的或是可以增长身体素质的好的活动时,要尽量地表扬他,给他一种教育性的优越感。

对于拼命努力做的孩子,好好应对是非常重要的。做得很好的时候、努力去做的时候和动脑筋的时候,尽量地去表扬他吧。这样一来,孩子们就会充满干劲,因为被表扬而变得自信满满。

在进行小组游戏的时候，一个小组的人数不宜过多。根据年龄不同，适当的小组人数也会有不同。

针对四岁以上的儿童，为了让孩子们意识到合作和团队和平，分成3～4人的小组。在介绍规则的时候，最好也将小组人数控制在10人以内。

10）主体性、自发性和创造性的培养

虽然给予孩子一些怎么做会比较好的建议很重要，但给他们时间，让他们自己去思考解决的方法也很重要。

关键是，要注意不要太早告诉孩子答案。为了培养孩子的自主性，不要把所有答案都告诉孩子，要关心的是让他们加进自己的思考，自己去找出答案。如果没有如大人预期的那样行动，也不要责骂，相反而是要去鼓励，认同。如此这般，才能培养孩子的自主性。

此外，要让孩子们知道，利用身边的道具和废弃的材料，也可以愉快地运动和玩耍是非常必要的。因此指导者自身也要努力地从日常生活中，运用身边的东西，研究可以创作出怎样的道具。

11）危机对应

对于用具及器具的安全使用方法，我们从日常生活开始，就不仅要简单了解，还要掌握具体怎样做。对于不同的用具和器具分别是怎样的形状和重量，事先学习这些知识是展开安全运动的必要前提。例如：为了不牵绊到孩子们的手脚，把软垫的提手朝下放置等。

在提醒一些做了危险的事情的孩子时，要直接告诉他那样的事情为什么不能做，那样做不好在什么地方是很重要的。

此外，在幼儿期的时候要明白此时幼儿的头部偏大，身体中心较高。所以，在实际考虑教学内容的时候，制定计划和教学时必须考虑幼儿有头部较大，容易摔倒的特点。

12）竞争

在竞争性的运动中，不要一味地和他人进行比较，而要让孩子去挑战自己的记录。例如：比起上一次，这次跳得次数多了、跑得快了、或者是跳得远了等等。要注重激发孩子们的内在动力。

进行接力性的运动游戏时，追求胜负，乍一看很热烈，但是当输掉的时候，一定要注意避免因为追究原因而导致个人攻击。在组织接力性运动游戏时，注意人数、男女的分配也是非常必要的。

（3）整理阶段的留意事项

1）整理运动

主要的活动是，放松刚刚运动时紧张的肌肉、调整呼吸、让身心都放松下来。减轻疲劳感的堆积，然后顺利的进行下面的活动。

尤其是在身体方面，要将肌肉从紧张状态恢复到可以顺畅的进行活动的灵活状态。确保身体可以灵活地弯曲、伸展。

不因为累就轻言放弃，整理运动为止都能很好地完成的孩子，身体可以得到全方位地伸展，并提高身体的柔韧性。要让孩子养成好的习惯。

2）活动后的整理

在使用完各种各样的道具之后，要让孩子们养成自己动手收拾的习惯。虽然有一些对于孩子们来说操作比较困难，有一定重量的东西和具有危险性的东西、难以收入仓库和器具库的东西应该由指导者收拾。但像球、扩音器、软垫、轮胎等孩子们可以安全搬运的东西，便可以在指导者的监督下，大家同心协力一起搬运。

此外，有一个指导的技巧，就是用一种游戏的方式来进行最后的收拾。

3）活动的总结

指导者将自己计划的目的，用简单易懂的语言，跟孩子们讨论，并对其做出反省和评价。努力过的、花心思的、好好活动了的给予承认和表扬。相反，对于没有做好的地方也要给予询问，并给出改善方法的启发，然后顺利地结束这次活动。

4）运动后的安全、保健卫生

要记住在运动中摔倒、蹭破膝盖的孩子，并在结束之后再次确认受伤的程度和状态，根据受伤状态采取治疗、观察等相应的措施。

另外，要指导孩子们洗手、漱口和擦汗，让他们养成良好的习惯。在天气热的时候，要让孩子们记着先将汗水完全擦干再换衣服。

那么，请尽情享受出汗吧！指导者们和管理者们，请给孩子们留下更多的美好回忆。让孩子们锻炼身体的同时内心收获成长是非常重要的。

（前桥 明）

2．儿童在户外安全玩耍的要点

怎样可以让孩子远离犯罪分子，在户外安全地玩耍呢？ 在此向大家介绍几种方案。

为了让孩子在外面安全地玩耍需要花费的心思，在此分为五个部分进行总结。

1）监护人需要注意

①注视着孩子们玩耍的地方。

②对孩子们进行安全防范和受害应对教育。

③对孩子们在的地方了然于心。

④日常生活中与周边的人进行交流。

⑤休息的时候和孩子们一起玩。

⑥和孩子之间做一个安全方面的约定。

2）要让孩子们知道

①出门和回来的时候要说"我出去咯"、"我回来啦"和家人打招呼。

②告诉家长要去的地方再去玩。

③知道哪些是危险的地方。

④不要一个人玩。

⑤在敞亮的地方玩。

⑥在来往人多的地方玩。

⑦遵守和家人的约定。

3）学校应该注意

①制作安全地图,把危险的地方告诉孩子。

②开放学校的院子。

③在学校的院子中设置充足的游乐器材。

④和地方政府以及监护人保持信息通畅。

⑤为了培养孩子们关心他人,要进行充分的道德教育。

⑥不管是幼儿、儿童还是学生,为他们创造互相了解的机会。

4）地方住户应该注意

①购物或者散步的时候,多看看孩子们玩耍的地方。

②掌握警察局的所在,并予以普及。

③策划一些可以和孩子们一起玩的活动进行交流,让他们可以在孩子们有困难的时候伸出援手。

5）政府应该注意

①把可供孩子们玩耍的公园,就近设置在大人们目所能及的地方,或者是派出所、消防署等安全管理人员的工作场所附近。

②制作呼吁大家关心的宣传画。

③在孩子们玩耍的公园和游乐场的角落设置紧急按钮和防

范监控，以便于监控和紧急救护。

④建设一个没有图谋不轨之人的国家（在教育上加大力度）。

像这样，在监护人和孩子之间做一个在外玩耍的规定；对让孩子免受侵害而进行预防措施的探讨；地方各界人士的交流和大人们的守护，由此而得以为孩子们提供一个安全的玩耍场所，让孩子们得以愉快地在外面玩耍。

（前桥 明）

3．关于指导者服装的注意事项

为了保护孩子们的安全，发挥好模范作用，能让孩子们清晰易懂的看清动作，请穿着安全、整洁、适合运动的服装进行指导吧！

虽然我们有很多机会可以看到一些注重时尚，采用流行设计的运动装和与其类似的物品，但是用作守护孩子们安全、帮助孩子们提高运动能力时适用的服装，那样的衣服真的好吗？需要慎重考虑。

请不要因为指导者自身的粗心大意，让孩子们在愉快的运动游戏中受伤，为了不让自己受伤，不让孩子们受伤，以下的几项请格外注意：

①把头发扎起来。

如果运动的时候被头发妨碍到了，是非常危险的。

②摘掉耳环、项链、坚硬的发卡等饰品。

碰撞的时候容易伤到自己的身体，也容易伤到对方。如果不经意中掉落也会有被孩子们误食的危险。

③不要穿戴帽子的衣服。

容易引发挂住帽子、勒住脖子、遮挡视线等危险。

④穿着有弹性的体恤衫、裤子和运动鞋。

⑤把体恤衫的下摆收进裤子里。

例如：在做"倒立的示范"给孩子们看的时候，衬衣的下摆掀上去，露出了皮肤或者内衣。又或者下摆可能会对动作造成干扰，或者可能会挂到孩子们的手指，可以想象到有很多危险的场面。

⑥不要穿拖鞋或者草鞋。

由于露出的部分较多，并且无法完全贴合，容易产生脚的拍打、搓捻、指甲脱落等让脚趾头受伤的危险。

⑦不要穿尺码不合适的鞋子。

在做步行或者跑步的动作时会变得非常糟糕。如果鞋带太松的话，一旦遇到特殊情况，无法一下子站住，就会受伤。

⑧没有精神的胡子和睡乱的头发，都会丧失整洁感。

会给正在接受指导的孩子和他们的监护人带来一种不快感，而导致一种无法集中精力运动的环境。

⑨不要将毛巾和脱下来的上衣缠在头上、脖子上或者腰上进行指导。

毛巾虽然是用来擦汗的，但如果缠在身上的话，会有挂住、勒到脖子、阻碍视线等危险。

⑩在穿前面开口的衣服时，请不要把前面敞开着进行指导。

会有挂住、挫伤手和脖子、阻碍视野等危险。此外，拉链的金属也容易使人受伤。

⑪摘下手表

手表的位置差不多和孩子的脸在一个高度上，有可能会划伤孩子的脸。此外，手表会固定手腕，有受伤的危险。

⑫选择适合身体尺寸的衣服。

不符合身体大小的衣服指的是：肩宽不合适的体恤衫、需要用腰带穿的裤子、下摆拖地的裤子等。不仅看起来不整齐，还会引发挂住、踩到下摆摔倒等容易受伤的危险。

⑬把口袋里的东西拿出来。

钢笔或者其他的一些小物件，可能会有刺伤孩子的危险。而手机等坚硬的物品装在口袋里的话，也有造成孩子撞伤的危险。

（广濑　团・藤田伦子）

实操篇

第 1 章
孩子们热爱的运动及运动会项目

1．准备活动

为了使之后的运动能够安全有效地进行，我们在做准备活动时要活动手腕脚踝、扭扭脖子、跳一跳等，这样可以放松肌肉，打开关节，促进血液循环，提高体温。为此，指导老师还可以准备一些既容易让孩子们理解、动作幅度又大的体操动作。最重要的是，让孩子们通过运动身体得到放松。

为了能够好好地进行运动，孩子们之间要有适当的间隔距离。在做准备活动的时候，指导老师最好站在孩子身后，站在前面的话，会看不到后排的孩子；在指导个别孩子做动作时，也可能会使其他孩子的活动自主性受到妨碍。但是，如果其中有几乎不动的孩子，则必须由指导老师进行一对一辅导。

1）准备活动

在活动身体的同时，体温会逐渐上升。通过运动，身体肌肉可以得到充分放松。

2）姿势变换游戏

双腿并拢跪坐（妈妈的坐姿）、盘腿坐（爸爸的坐姿）、单腿跪坐（忍者的坐姿），孩子们根据指导老师的指令，快速变化以上姿势。

妈妈　　　　　爸爸　　　　　忍者

3）忍者跳跃

先双腿并拢跪坐，然后展开双臂，一跃而起。

4）开、合、合

双脚"打开""闭合""闭合",双臂"水平打开""自然下垂",手脚同时重复上述动作。

5）背靠背

两人背靠背坐下,双腿伸直挽上手臂,根据指令迅速起立。

6）蘑菇体操

通过做动作，体会蘑菇长大的过程。

2．两人一组做动作

1）拍手做动作

两人面对面站好，拍手、击掌，然后手拉手，根据指令做动作（身体向后牵拉等）。

面对面拍手　　　击掌（4次）　　　握手（2次）　　→运动

2）猜拳打手板

两人面对面，彼此握住对方的左手，右手猜拳。赢的一方去打对方的手背，输的一方用手心防御。

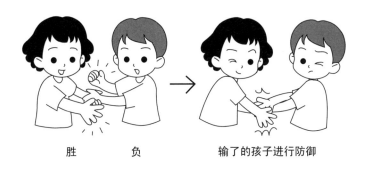

胜　　负　　　　　输了的孩子进行防御

3）猜拳转圈

猜拳输的一方，一只脚让对方扶住，用单脚跳以对方为中心转一圈。

胜　　负

4）猜拳钻洞

两人一组猜拳,输的一方从赢的孩子的两腿之间钻过去。除了经典的用手猜拳,还可以尝试用脚猜拳、表情猜拳、身体猜拳等多种玩法。

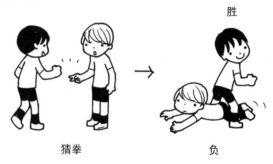

猜拳　　　　　　　　　负　　胜

5）摘尾巴

两人一组,各自将尾巴(毛巾)系在裤子腰带的位置,彼此握住对方的一只手,保持这个姿势站好。听到"开始"的指令,去拿对方的毛巾。拿到毛巾的一方获胜。

[注意]如果踩到毛巾很容易摔倒,所以指导老师请一开始就告诉孩子们毛巾尽量不要掉在地上。

3. 亲子体操

1）绕圈双脚跳

①家长坐下将两腿并拢伸直，让孩子做游戏。孩子双脚并拢跳过家长伸直的腿后，以家长为中心小跑一圈。

②一圈结束后，家长将并拢的腿稍稍打开一点，让孩子再次尝试看看到底可以跳多远。

③还可以让孩子挑战双腿并拢向后跳和单脚跳。

2）钻隧道

①如果孩子能够完成绕圈双脚跳，坐着的家长可以用手臂向后支撑地面，抬起屁股，做出一条隧道，让孩子从这条隧道钻过去。

②在孩子钻隧道时，家长可以用身体设置路障，这样也许会增加游戏的乐趣。

③不仅是屁股，还可以动用其他身体部位，制作各种各样的隧道（如单手支撑隧道，手臂向前支撑隧道等）。

双手撑地隧道　　　　　　　　单手撑地隧道

3）开合跳

①家长坐下两腿并拢；孩子面向家长，两腿间跨着家长的腿站好。

②随着"开始"的指令，大人打开双腿，孩子起跳合并双腿。

③可以一边喊着"开始"的口号，一边重复这个动作，重点是要注意调整两个人的呼吸和节奏。

④在动作熟练之后，孩子可以背对家长尝试这个游戏。

4)空中赛跑

①家长和孩子双手撑地,面对面坐好。

②孩子保持右腿(或左腿)弯曲,左腿(或右腿)伸直的姿势。

③家长的脚掌贴着孩子的脚掌,同时孩子弯曲的那只脚家长伸直,孩子伸直的那只腿家长弯曲。

④彼此逐渐靠近,以保证能支撑住对方的脚掌,然后两个人保持这个状态,将脚往上伸。

⑤在上方的空中,像跑步一样,两脚交替进行弯曲、伸直的动作。

[小贴士] 为了确保节奏一致,可以一边喊着"1、2、1、2…"的口号一边做动作。

5)蹲式相扑

①孩子和家长面对面踮脚蹲下。

②保持踮脚蹲下的状态,双手撑住对方的手,尽量保持双脚不动,推对方。

③被推倒了,脚着地了,

脚移动位置了,都算输。

6) 踩脚游戏

①两人面对面,手牵手。

②随着指令,孩子去踩家长的脚。家长被踩到后,去踩孩子的脚。

③之后依次轮换,两个人要在努力踩对方脚的同时,避免自己被踩到。

7) 拍屁股(毛巾)

①家长牵着孩子的左手。

②孩子随着"预备,开始!"的指令,用右手拍家长的屁股。

③接着,家长用右手拍孩子的屁股,孩子躲闪。

④熟悉了规则之后,双方依次交替拍对方的屁股,与此同时,要注意不让自己被拍到。

[小贴士] 在游戏的过程中,可以摸索让对方靠近自己、更容易拍到对方的好方法。

·大人要注意在牵孩子的手时,不要过于用力。

- 也可以尝试右手牵手，左手拍。
- 熟悉规则后，可以将手牵手替换为共同拉着一条毛巾的两端，扩大活动范围。

8）推倒大树

① 家长保持仰卧姿势，将两条腿并拢成耸立的大树一样，保持与地面垂直。

② 孩子尝试着让大树（家长的两条腿）接触地面倒下。

③ 可以尝试前后左右等多个方向，推或拉大树。

④ 熟悉游戏之后，家长可以用手后撑着地面进行游戏。

［小贴士］ 孩子也可以当大树，家长可以通过推倒大树（孩子的两条腿），增强孩子的腹部肌肉。家长可以握住孩子的两只脚，慢慢放倒双腿，让脚趾碰到地面。

9）俯卧撑握手

①孩子和家长面对面，摆好俯卧撑的姿势。

②两人都让右手离开地面握住对方的手，成功之后，换成左手。

③从俯卧撑握手的姿势，改为做拉伸相扑。

④也可以尝试双手离地的跳跃动作。

10）手推车 → 和相遇的孩子握手 → 翻筋斗

①孩子手撑着地，让家长握住两只脚，一起往前走。

②和相遇的孩子握手后，翻筋斗。

11）拉毛巾

①家长半躺着，用双脚夹住毛巾，孩子尝试着将毛巾拉出来。

②接下来，孩子用脚夹住毛巾，家长尝试着将毛巾拉出来。

4．废物利用的小游戏

1）报纸赛跑（旧报纸）

打开报纸，放在胸前尽量让它不要掉落，举起双手（做"万岁"的动作）赛跑。

2）做报纸球（旧报纸：2）

拿两张报纸，分别放在身体两侧的地面。单手每次握住一张报纸，保持站立的姿势，双臂水平张开，将报纸团成一个球。不弯曲手肘，做报纸球。

3）接报纸球（旧报纸）

打开报纸，像包裹花束一样的卷成麦克风的形状，握在手上。张开的部分，把中间折好加固，当成棒球接球手套。用做好的报纸筒接报纸球。

4）购物袋排球（购物袋）

将购物袋中装入空气系紧成球状，打购物袋排球。

5）接购物袋气球（购物袋：2）

两人面对面，将各自的购物袋气球向空中抛，然后跑动，接住购物袋气球。

6）用围裙接球（围裙、报纸）

把旧报纸团成球，用围裙玩接球游戏。

7）用瓶子接球（洗涤剂瓶、牛奶瓶）

把瓶盖当成球，将用完的瓶子里面洗净，剪掉瓶底倒过来接球。

5．运动会项目

1）圣火传递

①将塑料瓶倒过来，让瓶底（底部被剪掉）放着的球不掉下来，跑到终点再跑回来。

②下一个孩子接过圣火，同样跑一个来回。

③途中如果球掉下来，请从掉下球的位置继续挑战。

④速度最快且全员回到起点的队伍获胜。

2）钻洞竞赛

两人手拉手起跑，在折返点孩子从家长的胯下钻过去，然后家长背着孩子跑回终点。

开始线

3）手拉手折返跑

从折返点跑回来的孩子，转到队伍末尾，和排在最前面的孩子手拉手继续跑（下一圈）。一直往返，直到所有人手拉手一起跑完一圈，游戏结束。

4) 袋鼠的宅急便（搬运球的竞赛）

家长拿两个球，孩子拿一个球，一起跑到折返点。在折返点，家长将两个球分别夹在腋下，并把孩子的球用腿夹住，保持这个状态回到终点。如果球掉了，家长停止前进，孩子把球捡回来交给家长继续夹住，游戏继续。

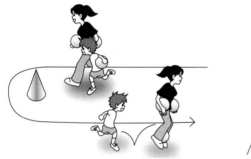

5) 滚动花生

①每队站成一列，在起跑线前排好。

②随着"预备，开始"的指令，一名选手将呼啦圈中花生形状的球用脚运到折返点再运回来。

③该选手回到起点后，将花生放到呼啦圈里，与下一名击掌。下一个孩子继续游戏。

④最后一个孩子回到起点，将花生放到呼啦圈，游戏结束。

6）迈大步步赛跑

分组对抗赛，一队 6 人。队员在起跑线前排成一列。随着开始的指令，站在最后的孩子向前移动，越过起跑线迈出一大步，与此同时，一边拍手，一边喊"好啦！"的口号。听到口号，此时站在最后的孩子继续向前移动，在排头位置的基础上再迈出一大步。这样反复，达到折返点再回到终点。最先回到起跑线的队伍获胜。

除此之外，还有躺在地上用身体连接的赛跑，单脚站立由下一个孩子握住双手移动的赛跑等，都很有趣。

7）亲子障碍物赛跑

孩子摆成手推车的姿势，家长握住孩子的双脚，（保持这个状态）前进到塑料瓶（保龄球球瓶）的位置。孩子推倒塑料瓶（球瓶）后，家长和孩子手拉手绕过折返点，回来时家长将推倒的塑料瓶（球瓶）扶起，背着孩子回到终点。

8）圆木运输

3人1组，双手抱住长长的管子（圆木）折返跑一个来回。在折返点把管子夹在双腿之间，回到队尾。然后将管子交给排在最前面的人接力跑。

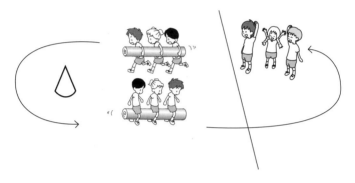

9）今天也要安全驾驶（蒙眼赛跑）

3人1组排成一列，前两人蒙住眼睛。站在最前面的孩子拿着呼啦圈（当做方向盘）成为驾驶员，站在最后的孩子，用声音指导前面孩子行进的方向。

10）全力奋战的圆圈（运送呼啦圈赛跑）

每支队伍面向侧面手拉手站好，从队尾的孩子开始，在不松手的同时，用身体向队伍前面运送呼啦圈。队首的孩子一接到呼啦圈，就拿着它绕过折返点跑回来，然后再用身体将呼啦圈从队伍最末运到最前，继续接力跑。

11）神奇的地毯

让孩子坐在大块的浴巾上，家长二人拉着浴巾运送孩子，进行接力。赛跑选手两人一组。

12）合二为一

①在起跑线前放置一个呼啦圈，每队排成两列。

②排在最前方的两个人手拉手，另一只手分别拿上道具（例如球拍）。

③随着"预备，开始"的指令，两人用道具拿起呼啦圈中的球，将它一直运到折返点再回来。

④到达起点后，把球放回呼啦圈中，将道具交给下一组选手。

⑤各组选手都回到起点，游戏结束。

13）海獭的冲浪

四只海獭面朝上躺成一列，头脚相接。另有两人一组，各拿着毛巾的一端，让毛巾穿过四只海獭接力。

14）飞鱼破浪

每队四人一列躺在地上。然后握住队员的脚不松手变成飞鱼的样子。其他孩子每两个人拿一块大毛巾，从飞鱼的身下穿过接力。折返时，最早到达的队伍获胜。

15) 摘尾巴对抗赛

将自己队伍颜色的尾巴系在腰上。在一定时间内,取下其他队伍的尾巴数量多的队伍获胜。摘下的尾巴带回自己队伍的阵营后计数。

16）飓风快跑（运棍子赛跑 → 穿呼啦圈竞跑）

两人拿着飓风的棍子，绕过折返点回到起点。回来后，让棍子穿过队员们的脚下（队员起跳），一直运到队尾。然后再通过队员们的头顶，传给最前面的孩子，继续接力。

第2章
使用身边的东西进行运动游戏

　　本章将介绍用毛巾、超市的塑料袋等常见的日用品，亦或是报纸、塑料瓶等被当做是废弃物的材料所做出来的运动器具来进行的运动游戏。这些身边的东西不仅可塑性强，而且变化多样。对于小朋友而言，使用日用品进行游戏不仅容易上手，还可以让孩子们对日用品加深理解，并且能够满足他们对知识的好奇心以及探索的欲望，还可以培养他们丰富的表达能力；孩子们做游戏的初衷也是如此。

　　和孩子们一起用废弃材料做出来的玩具，能够激发孩子们对玩耍的兴趣，同时也让不擅长运动的孩子们在潜移默化中活动身体。

1．运毛巾

【培养内容】

·提高操作系运动技能（将毛巾放在身体各处）

·提高移动系运动技能（拿着毛巾走）

・培养柔软性或是身体认知能力

【游戏前的准备】

洗脸毛巾（数量等于参与人数）

【规则】

①将毛巾折成四等分放在头顶、背上或者是肚子上，并且保持姿势向前走

②习惯游戏后可以试着跑起来

【要点】

・可以两人手牵手进行游戏

・可以进行折返的接力赛，来进行比赛

2．抢毛巾

【培养内容】

・提高操作运动类技能（趴着移动）

・培养敏捷性、随机应变能力、速度、技巧性、注意力、空间认知能力

・培养协调性、互助性或是认可对方的能力等，提高社会性

【游戏前的准备】

运动类毛巾（2人一条）…竖着卷起来并用橡皮筋捆住

橡皮筋（个数任意）

中央线（1条）、辅助线（2条）

【规则】

①分成两组，在中央线上放置毛巾，并面对面站在辅助线上做好准备

②听到口令后，跑向中央线抢毛巾，将毛巾拉到辅助线处。抢到的毛巾较多的一组胜利

【要点】

・若两人互抢毛巾，那么按照拔河的规则相互抢毛巾

・若在规定时间内没有将毛巾拉至辅助线，那么就以石头剪刀布来决出胜负

・刚开始多准备几条毛巾，让更多的孩子能够抢到毛巾

3. 接塑料袋

塑料袋可以展开、折叠、吹气使它鼓起，也可以让它压扁，能通过各式各样的变化来丰富游戏的内容。

【培养内容】

- 提高操作类运动技能（扔出去再捡起）
- 培养技巧性、敏感性、随机应变能力、柔软性、身体协调性和空间认知能力

【游戏前的准备】

超市的塑料袋（数量等于参与人数）

【规则】

①将塑料袋鼓起后，握住把手部分，高高抛起再接住。

②灵活运用头、背部或者是脚来接住塑料袋。

③孩子们可以趴着、躺着或是背对扔塑料袋的人等诸如此类各种各样的准备姿势来接住塑料袋。习惯游戏后，可以从

远处跑过来接住塑料袋。

【要点】

·习惯游戏后,孩子们可以两两一组进行游戏。

4.踢塑料袋

【培养内容】

·提高操作类运动技能(踢、向上顶)
·培养随机应变能力、技巧性、敏捷性、身体认知能力、空间认知能力

【游戏前的准备】

超市的塑料袋(数量等于参与人数)

【规则】

①用脚踢鼓起的塑料袋。习惯游戏后,用双脚互踢塑料袋

②用手掌向上拍塑料袋,不能让它掉下来。习惯游戏后,用双手互相向上拍塑料袋。

③用双手双脚向上拍或者踢塑料袋,不能让它掉下来

【要点】

- 习惯游戏后,孩子们可以两两一组进行游戏。可以比一比哪一组的塑料袋在空中的时间最长。

5．抢尾巴

【培养内容】

- 提高操作类运动技能(抢别人的尾巴)或是移动类运动技能(快速奔跑)
- 培养敏捷性、随机应变能力、身体认知能力、空间认知能力

【游戏前的准备】

超市的塑料袋(数量等于参与人数)…将塑料袋横向折叠成棍子形状,把他夹在要上比作尾巴

【规则】

①听到开始的口号后,互相抢对方的尾巴。即使自己的尾巴被别人抢了也不要放弃,继续抢别人的尾巴。

②游戏结束后,统计抢到的尾巴数。抢得最多的小朋友胜利。

【要点】

大家一起表扬抢得多的小朋友吧！

6．用球拍滚球的比赛

【培养内容】

- 提高操作类运动技能（用球拍滚动球）
- 培养技巧性、随机应变能力、调整力、注意力、空间认知能力

【游戏前的准备】

海绵球（20个）

球拍（2～4个）

标志桶（2～4个）

【规则】

①在标记线上放置海绵球，挥动球拍，尽可能让海绵球滚得更远

②在滚得最远的球的位置上放上标志桶，再将海绵球捡回来

③大家轮流进行游戏，在滚得最远的球的位置上放上标志桶，滚得最远的小朋友获胜。如果球滚得没有前几个小朋友远，那么只捡回海绵球，不用移动标志桶。

【要点】

- 握住球拍的手柄
- 起初用双手握住手柄，熟练游戏后可用单手握住球拍
- 因为需要挥动球拍，可能会打到周围小朋友，或者是将球拍甩出去，所以要注意安全。

7．击球游戏：绕圈跑

如果有球和标志桶的话，我们可以做哪些游戏呢？ 我们试着把球放在标志桶上，将球固定后用手或者球拍去击打它。我们通过把球放在固定架上，然后用球拍击打它来进行类似垒球或是棒球一样的运动。

这个关乎击球运动的幼儿时期的击球游戏，是一个有助于提高孩子们的协调性和体适能，还能培养孩子们创造力和协调性的具有很大魅力的运动游戏。

【培养内容】

协调性、爆发力、操作类运动技能、移动类运动技能、空间认知能力

【游戏前的准备】

划分击球区域的圆圈（1个）…直径为2米

标志桶或固定架（1个）

软排球（1个）

塑料球拍（1个）

圆形的游戏场地（1个）···直径为15～20米

【规则】

①成人数相同的两组，一组为守卫方，另一组为进攻方。石头剪刀布选出击球的先后。

②进攻组的第一个击球者先进入击球区域，同组的其他小朋友在板凳上等待出场。守卫组的小朋友站到圆形的游戏场地外。

③击球者尽可能将球击打到远方，然后将球拍放在击球区域内，绕着圆形游戏场地逆时针跑一圈。守卫组的小朋友去

追被击打的球，捡到球后双手举起喊"stop（停）"，听到这个口令，击球者要立刻停下。

④下一个小朋友击球后，前一个击球者从原本停止的地方开始继续跑圈。跑完一圈后回到击球区域，就能得1分。

⑤进攻组的小朋友都轮完一遍后，两组互换进攻和守卫。

⑥得分多的一组获胜。

【要点】

· 熟练游戏后，可以试着扩大圆形游戏场地的大小，或者是增加游戏场次

· 击球后，也可以顺时针跑圈，避免动作失衡。

8. 击球游戏：捡球

【培养内容】

协调性、爆发力、敏捷性、速度、操作类运动技能、移动类运动技能、空间认知能力

【游戏前的准备】

划分击球区域的圆圈（1个）

细绳（1个）…用细绳（线条）将其与击球区域的圆圈连接起来作为一垒区域，将这细绳作为犯规线

标志桶（1个）…放在击球区域的圆圈内

软排球（6个）

球拍（1个）

违规线（2条）

【规则】

①分成人数相同的两组。

②小组代表通过石头剪刀布选出先攻和后攻。

③后攻组的所有小朋友准备防卫。

④先攻组的小朋友决定出场顺序后，从第一个击球者开始进入击球区域，用力击打标志桶上的球。打完后，将球拍放在地上，跑向一垒的圆圈，从一垒区域捡一个球再跑回击球区域。

⑤守卫的小朋友要去捡被击打出去的球，捡完后拿着球跑向击球区域

⑥若进攻组先回到击球区域，那么进攻组得1分。若防卫组先回到击球区域，那么进攻组不得分。

⑦进攻组的小朋友都轮完一遍后，互换攻守。两组小朋友全都打完球后，计算所得分数。

【要点】

· 小朋友们理解规则，熟练游戏后，可以试着增加游戏场次

· 守卫组的小朋友捡到球后，可以试着把球传给同组的小朋友，然后将球运到击球区域

· 也可以改变规则，让击球者回到击球区域后，将球放在击球区域，再一次跑到一垒去捡一个球回来。在此游戏规则中，可以将比防卫组先捡回来的球的个数作为得分。

· 不仅是从击球区域到一垒区域的折返，我们还可以试着准

备二垒区域,双脚踩入二垒区域后再跑回来。
- 请根据小朋友们的运动能力变换球的大小或是重量、游戏场地的大小、击球区域和一垒区域之间的距离。

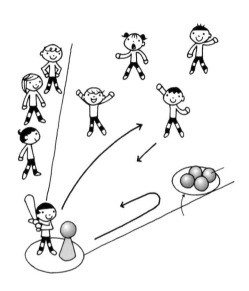

第 3 章
节奏与动作

1. 圈圈舞

〈前奏〉

两人手拉手做出一个大圆，稍稍弯曲膝盖随着节奏律动

〈第一段〉两只狗

①拉着的手一侧向高处抬起，两人探头从圆中把脸露出来

第3章 节奏与动作

在打架

②另一侧重复相同动作

大狗汪汪叫

③面对面,手贴手在胸前转动一次手臂,画出更大的圆

汪汪叫

④手拍手做四次

小狗呜呜叫

重复③④

汪汪 呜呜　　　　　呜呜 呜呜 汪

⑤两脚并拢轻轻跳动，左右两人交替进行四次

〈间奏〉
与前奏动作相同
第二段、第三段、第四段是第一段的重复

歌曲结束时，自然地摆一个圆
（如图）

【目标】

- 利用彼此的手和手腕，让孩子体会做各种各样圆形的乐趣。
- 用自己的身体做出喜欢的圆形，培养孩子的表达能力。

【特征】

· 通过做出圆，牢记"圆形"的概念。

【创作用意】

· 舞蹈中加入了拉伸运动、跳跃、伸展体操等在准备活动中也能用到的动作。
· 为了让孩子在游戏的同时能够表现自己，在舞蹈最后设计了喜欢的圆形的开放性动作。

曲名	小狗汪汪
作词	村田幸子
作曲	平尾昌晃
编曲	涩谷毅
CD	NHK 和妈妈一起做 优秀作品选16
发售商	PONY CANYON INC.

2．花之国的小火车

〈前奏〉

家长站在孩子身后，手搭在孩子肩上，保持四拍

从第五拍开始，孩子手叉腰，两人做成小火车的样子准备出发

〈第一段〉银莲花
从车站出发（伸出右脚）

①两人面对面手牵手，伸出右脚，抬起脚尖，再回原位

火车汽笛呜呜响
（拍拍手）

②一人拍一次手，然后双手击掌两次

樱草的街道
（伸出左脚）

出发啦
（拍拍手）

动作同②

做①的反方向动作，伸出左脚，抬起脚尖，再回原位

咣当 咣当 呲呲

咣当 咣当 咣当

③手牵手，孩子以家长为轴顺时针转一圈
（家长可以不用举起孩子，可以在孩子的腋下托住他转一圈）

④面朝正面，牵住对方一只手，两人一起以前→后→前→前→前的顺序双脚跳

〈间奏〉

与前奏动作相同　　　　第二段、第三段、第四段是第一段的反复

歌曲结束时,家长转到孩子的面前,从腋下把孩子跑起来

【目标】

· 亲子一起做火车,一边模仿,一边通过肢体接触加强交流。

· 通过自由的空间移动,培养孩子的自主性和空间认知能力。

【特征】

· 通过模仿,让孩子体会火车游戏的乐趣。

【创作用意】

- 设计上尽量使表达火车行驶的动作与曲子的节奏、歌词协调一致。
- 将动与静的动作设计得简洁、容易理解。
- 把"举高高"的动作放在最后,增加孩子的满足感。

曲名	花之国的小火车
作词	小林纯子
作曲	中田喜直
编曲	石川惠树
CD	'94 运动会　动漫体操 No.2
发售商	日本哥伦比亚影业株式会社

3. 天气暖洋洋，快快去散步

〈间奏〉

四人手拉手围成圈，手前后摇摆随着节奏律动

阳光洒下（洒下）

①顺时针走两步，原地跳一下

快快出发（出发）

重复①

暖洋洋的太阳公公

做①②的相反动作,逆时针走两步,原地跳一下(做两次)

阳光洒下(洒下)

③保持手牵手,向圈的中央走两步,原地跳一下

快快出发（出发）

向后退两步，原地跳一下

去散步 哪里都可以呀

〈间奏〉

④手叉腰，双脚一起在原地顺时针跳四次转一圈（每次跳时身体转90度，转四次回到原位）

八人围成一个圈，手牵手一边前后摇摆一边踏步
第二段和旁边的小组合在一起，八个人重复上述动作

〈间奏〉

所有人一起围成一个圈,手牵手一边前后摇摆一边踏步。第三段所有人重复上述动作

最后结尾时,大家手牵手的同时,高举双手,喊出"万岁",舞蹈结束。

【目标】

- 从亲子活动到和他人一起互动,扩大孩子的交流范围,培养他们的协调性和沟通能力。
- 通过在空间内的移动,培养孩子的空间认知能力。

【特征】

- 通过跟着节奏的跳跃、空间移动,让孩子体验弹跳的乐趣。
- 通过和他人接触,让孩子体会与人沟通、增进亲密度的乐趣。
- 让孩子体会自由变换人数所带来的活动乐趣。

【创作用意】

- 为了加深对"暖洋洋"的感官印象,加入反复的跳跃动作。
- 为了让孩子能够与他人接触,培养协调性,逐渐扩大人手拉手的圈子。

曲名	天气暖洋洋,快快去散步
作词	阪田宽夫
作曲	小森昭宏
编曲	小森昭宏
CD	童谣 优秀作品选②
发售商	日本哥伦比亚影业株式会社

4. 红彤彤的太阳公公

〈间奏〉

两人手拉手围成圈，随着节奏律动

〈第一段〉太阳公公升起来

①两人在胸前两手手心相合，像画圆一样转一圈手臂，再回到原位，击掌两次

金灿灿地升起来

重复①

大家都睡醒啦

②牵着两只手，左脚脚尖斜向上抬起，右脚也重复此动作（做两次）

眼睛都睁开～啦

③一边在胸前交叉转动手臂一边蹲下，然后一鼓作气站起来，伸展双臂打开双手

太阳公公早上好　　　　　　　　太阳公公早上好

重复①　　　　　　　　　　　　重复①

〈间奏〉

两人手拉手,自由地迈步

第二段重复第一段动作

〈间奏〉

两人手拉手,向后自由地迈步

第三段重复第一段动作

〈间奏〉

两人手拉手,蹦蹦跳跳地走

最后结尾时,两人拥抱彼此,舞蹈结束。

【目标】

· 通过移动、蹦跳,增强孩子的空间认知。
· 通过手拉手、互相拥抱等肢体接触,增进家长与孩子的交流。

【特征】

· 通过自由地在空间内移动,让孩子体会开放的空间。
· 在间奏时,可以自由选择精心设计的动作,增加活动的丰富度。

【创作用意】

- 设计了很多简单的动作，方便孩子记忆。
- 通过双手相合画圆，表现出太阳公公的温暖。

曲名	红彤彤的太阳公公
作词	武鹿悦子
作曲	小森昭宏
编曲	小森昭宏
CD	'94 运动会 鸭子桑巴舞
发售商	日本哥伦比亚影业株式会社

第 4 章
扮鬼游戏

1. 扮鬼游戏是能够治愈心灵的，非常有意义的游戏

逃跑时的拼搏、快被抓住时的咚咚心跳声、游戏结束后的成就感……扮鬼游戏这一虚拟的紧急事态，使孩子们非常兴奋！实际上，对于大脑来说，在此之前并没有如此丰富而有意义的经验。

通过兴奋与抑制的感情起伏、成功·失败的体验，孩子们可以积累经验，锻炼控制力。通过做游戏治愈心灵正是如此。

2. 根据心思和想法，变化可以无穷大

扮鬼游戏有很多种，主要可以分为"一人当鬼"、"累积式扮鬼游戏"、"僵尸游戏"、"复活同伴"这四种。以这四种类型为基础，可以尝试着改变鬼的数量，调整规则。结合孩子们的发育水平和当时情况，适当改变游戏难度，就可以一直兴致勃勃地玩下去。

3．扮鬼游戏的步骤

一开始指导老师先当鬼，让孩子们体会逃跑的兴奋感和成就感吧。当孩子们理解了规则后，再由他们当鬼捉人。鬼是复数的时候，更能增加孩子们的活动量，但是这样规则就会变得复杂，所以按照"一人当鬼"、"累积扮鬼游戏"、"僵尸游戏"、"复活同伴"这样循序渐进的方式，让大家慢慢熟悉这个游戏吧。

4．创造"优胜者"吧

并非只有捉到人的孩子和成功逃跑的孩子是优胜者，帮助跌倒朋友的孩子、在互换角色时主动开口打招呼的孩子、帮助老师的孩子等等，都是优胜者。在这个大家都能够有所收获的扮鬼游戏中，尽情玩耍吧。

5．一人当鬼

（1） 波浪鬼

目　标　通过扮鬼游戏，能够做到一边判断情况，一边跑跑停停。

培养内容

灵敏、速度、空间认知能力、移动型运动技能

规　则

①在地上画出一条线，标明安全地带。

②让孩子们背对安全线，坐在自己跟前。一开始由指导老师当鬼，面对孩子们站好。

③指导老师当波浪，使用两种波浪移动——小波浪"哒哒哒（前进）、哗哗哗（小步后退）"和大波浪"哒哒哒（前进）、追哦（开始追孩子们）"，只有在大波浪的时候，才去捉人。

④在大波浪时逃跑进入安全地带的孩子不会被捉住。而被捉到的孩子，在下一轮当鬼（波浪）。

注　意

- 将扮鬼游戏的基本规则——鬼捉孩子，孩子为了不被捉住而逃跑，通过游戏告诉孩子们吧。

第 4 章 扮鬼游戏 165

小波浪
（不可以抓人）

开始的位置可以让孩子们自主决定，离安全地带近一点也没关系，在过程中慢慢拉长距离。

"哒哒哒"前进

"哗哗哗"后退

安全地带

大波浪
（可以抓人）

通过孩子们的动作可以观察孩子们的性格，比如恐惧、胆量等

追哦！

安全地带

（2） 踩影子

目标　理解规则，体会影子的变化和踩影子游戏的乐趣。

培养内容

速度、灵敏、耐力、身体认知能力、空间认知能力、移动型运动技能

规则

①决定一个人当鬼

②在鬼从1数到10期间，其他孩子逃跑

③逃跑的孩子如果能躲到没有影子的地方，就不会被鬼捉住。但是，鬼数到10之前孩子们必须将影子暴露出来。

④如果鬼踩到了孩子的影子，被踩到的人当下一轮的鬼，游戏继续。

可以限定要踩的影子的部位，比如头、身体等，来提高游戏的难度

鬼

（3） 颜色鬼

目标 理解规则，体会颜色的丰富性和这个游戏的乐趣。

培养内容

灵敏、速度、耐力、空间认知能力、移动型运动技能

规则

①决定一个人当鬼

②鬼说出一个颜色，然后数 10 个数。在这过程中，逃跑的孩子要找到并触碰鬼说的那种颜色。

③鬼不能捉触碰到指定颜色的孩子。当有没触碰到颜色的孩子被捉住时，与鬼交换角色，继续下一轮游戏。

④所有人都触碰到了指定颜色的话，鬼再说一个新颜色。

注 意

- 可以通过规则增加游戏难度，例如不可以说自己衣服的颜色、一个地方只能有一个人藏身等等。

（4）小鸡与猫

目 标　理解规则，体会守护同伴的游戏乐趣。

培养内容

灵敏、速度、耐力、空间认知能力、移动型运动技能

规 则

①决定一个人当猫（鬼），小鸡（逃跑的孩子们）四人一组，把手搭在前一个孩子的肩上排成一列站好。

②猫要努力触碰到小鸡一列中站在最后的孩子。小鸡一列最前面的孩子要妨碍猫，保护大家。

③猫如果成功触碰到最后那个孩子，被触碰的孩子在下一轮

当猫，前一轮的猫当站在最前面的小鸡。

(5) 丢手绢

目标 理解规则，体会充满环境变化的丢手绢游戏。

培养内容

灵敏、速度、身体认知能力、空间认知能力、移动型运动技能

规则

①决定一个人当鬼，拿着手绢。其他孩子围成圈，面向圈内坐好。

②鬼在圈外走，趁大家不注意的时候，把手绢丢在一个孩子的身后。

③如果鬼绕着身后有手绢的孩子转了一圈，这个孩子都没发现，鬼拍拍他的肩膀，两人互换角色，开始下一轮游戏。

④如果孩子注意到自己身后有手绢，就拿起手绢去追鬼。

⑤如果这个孩子追上鬼了，下一轮鬼的人选不变；如果鬼在被追上之前成功地坐在了之前孩子坐的空位处，则下一轮两人互换角色。

6．人鬼大战

（1）鬼捉人

目 标 通过扮鬼游戏，体会累积的快乐。

培养内容

灵敏、速度、耐力、空间认知能力、移动型运动技能

规 则

①设置鬼的阵营区域，决定一个人（或多人）当鬼。

②鬼从 1 数到 10，在这期间其他孩子逃跑。

③被鬼触碰到的孩子，在鬼的阵营区域中等待。

④如果在指定时间内鬼捉住所有孩子，鬼获胜；反之，孩子们获胜。

> 注 意

- 尽量不要让一个孩子长时间当鬼,可以通过增加鬼的数量,适时暂停游戏交换角色等方式进行调整。
- 为防止鬼捉住孩子时,因身体接触而产生纠纷摩擦,可以告诉扮鬼的孩子在触碰到的同时,大喊一句:"抓到啦!"

(2) 鬼捉鬼

目 标 团队协作,一同感受累积式扮鬼游戏的乐趣。

培养内容

灵敏、速度、耐力、空间认知能力、移动型运动技能

规 则

①把孩子分为两队(A 和 B),设置各自的阵营区域。
②双方将触碰到的另一队的孩子带到自己的阵营之中。
③在指定时间内,没被触碰的孩子多的一队获胜。

> 注 意

- 可以通过帽子颜色等,将各队的孩子一目了然地区分开。
- 寻找孩子们的闪光点,多多表扬鼓励他们吧,比如成功逃跑的孩子、捉住很多对方阵营的孩子、努力奔跑的孩子等。

(3) 人鬼大战

> 目 标 体会为了不被鬼捉住跑向终点的兴奋感与速度。

> 培养内容

灵敏、速度、耐力、空间认知能力、移动型运动技能

> 规 则

①在地上划分出一个长方形,鬼(1人或多人)站在长方形

内中心,其他孩子们在起点线(长方形窄边一端作为起点线)处并排站好。

②随着起跑手势,孩子在躲避被鬼触碰的同时,向对面的终点跑去。只能在长方形内移动。

③跑的途中被触碰的孩子站到圈外;没被鬼触碰且跑到终点的孩子获得优胜。

④以被捉住(触碰)的先后顺序,决定下一轮担任鬼的人选,继续游戏。

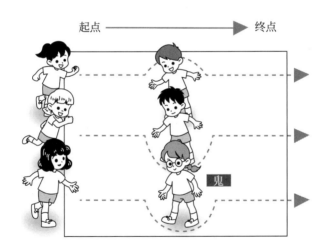

7．僵尸游戏

（1） 手牵手扮鬼游戏

目　标　齐心协力，体会游戏的乐趣。

培养内容

灵敏、速度、耐力、身体认知能力、空间认知能力、移动型运动技能

规　则

①决定一个人当鬼。

②鬼从 1 数到 10，在这过程中其他孩子逃跑。

③被鬼触碰到的孩子，与鬼手牵手一起追其他孩子。

④最后没被触碰的孩子获胜。

注 意

- 因为要手拉手一起跑动,注意别让孩子们摔倒。两只手都被牵住的孩子,摔倒的时候很容易摔伤脸,这一点要特别提醒大家。
- 随着鬼的增加,手牵手的横排会越来越长。虽然只有两端的孩子可以捉人,但是也可以采用将逃跑的孩子团团围住的方式。

(2) 挖墙脚

目 标 团队协议,体会挖墙脚游戏的乐趣

培养内容

灵敏、耐力、力量、非移动型运动技能

规 则

①孩子们分为两队,一队围成圈,面向圈内站,每个人手牵手(或者搭住旁边两人的肩膀),向下俯卧。另一对当鬼。
②当鬼的一队,要努力将俯卧的孩子们拉出来。
③被拉出圈的孩子也变成鬼,努力拉其他俯卧的孩子。
④双方交换角色再玩一轮,在相同时间内被拉出来的孩子少的队伍获胜。

注 意

- 一开始就要制定规则,叮嘱孩子们"不要拉拽其他孩子的衣服"、"不要对其他孩子挠痒痒"。

8．复活同伴

"复活同伴"这个游戏最大的乐趣在于帮助同伴方和鬼方的作战攻守。寻找合适的时机，几人协力打开突破口。鬼加强防御，捕捉空隙捉人，动用自己全部的思考能力。从 4 岁开始，孩子就可以与小伙伴商讨作战方法了。在多次游戏的过程中，也许能够想出更加出色的作战方法，可以期待他们以更广阔的视野思考问题。

（1） 冰块游戏

目 标 理解规则，体会帮助同伴的游戏乐趣。

第 4 章 扮鬼游戏   177

培养内容

灵敏、速度、耐力、身体认知能力、空间认知能力、移动型运动技能

规 则

①决定一个人当鬼,其他孩子逃跑。

②被鬼触碰到的孩子,要保持当前的姿势静止不动(变成冰块)。

③逃跑的孩子如果触碰变成冰块的孩子,冰块就可以解冻,孩子又能活动了。

④指定的游戏时间到,或者鬼将所有孩子变成冰块,游戏结束。

> 注 意

一开始请指导老师先当鬼,让孩子们充分理解规则之后,游戏就能顺利往下展开了。

改版游戏

◆香蕉扮鬼游戏

被捉住的孩子要双手合上举到头顶。帮忙的孩子将他们的两手分开(剥皮),就能解救他们了。

◆地藏扮鬼游戏

被捉住的孩子,要一边做地藏菩萨的姿势一边两脚开立。帮忙的孩子如果能从他们的双腿间钻过去,就能解救他们了。

◆微波炉扮鬼游戏

被捉住的孩子,当场定住。帮助的时候两人一组,在被定住孩子的两侧,手拉手用手臂圈住他的身体,从上到下"叮"(微波炉加热好了)一声,就能解救他了。

(2) 踢罐扮鬼游戏

> 目 标　理解规则,体会游戏的乐趣。

> 培养内容

灵敏、速度、空间认知能力、移动型运动技能

> 规 则

①决定一个人当鬼。决定放置罐子的位置,鬼以外的孩子踢远罐子,在鬼找到罐子放回原位之前,其他孩子可以找藏

身的地方躲起来。

②鬼找到孩子之后，踢远罐子并叫出捉到的孩子的名字。被叫到名字的孩子站在鬼的阵营区域。

②鬼离开罐子的这段时间，如果躲起来的孩子踢远了罐子，被捉到的孩子就可以逃跑。

注意

游戏之前规定好可以隐藏的范围，范围尽量不要太大。

（3）鬼的阵地

目标　　理解规则，体会帮忙同伴的游戏乐趣。

培养内容

敏捷性、速度、身体认知能力、空间认知能力、位移性技能

规　则

① 决定一个人当鬼，鬼面朝树站好。其他孩子们并排站在起点线上。

② 鬼说完"达摩摔倒啦"之后回头看。孩子们在鬼面朝大树的时候移动，逐渐接近鬼。

③ 鬼如果在回头的时候，看到了正在移动的孩子，就喊他的名字，被叫到名字的孩子排在树后。

④ 如果触碰到紧贴在树后最开始被抓到的孩子的手，说"来啦"，已经被捉到的孩子都可以得救。鬼如果说"停止！"，大家都静止不动。

⑤ 这时，鬼走五步（游戏前决定好步数）触碰到的孩子，成为下一轮游戏中的鬼。

（4）警察和小偷

目　标　　理解游戏，体会团队协作的乐趣。

培养内容

敏捷性、速度、空间认知能力、位移性技能

规　则

①分为警察队和小偷队，决定监狱的位置。

②警察从 1 数到 10 的过程中，小偷逃跑。

③警察如果触碰到小偷，就将他带到监狱。

④在监狱的小偷被同伴触碰后可以逃走。警察捉到所有小偷，游戏结束。

注　意

- 指导老师要督促孩子们，在协力捉小偷、制定看守监狱任

务等时，小伙伴之间要互相商量，在体会团队协作的同时，逐渐投入游戏。

■ **著者介绍**

前桥　明　（JAPAN）

早稻田大学人类科学学术研究院教授／医学博士
日本幼儿体育学会会长
国际幼儿体育学会会长
国际健康幼儿支援网络代表
日本饮食教育学术会议会长
取得美国密苏里大学硕士学位（教育学），冈山大学博士学位（医学）
著有『乳幼児の健康』『幼児体育〜理論と実践』（大学教育出版社）、『あそぶだけ！　公園遊具で子どもの体力がグングンのびる！』（講談社）、『３歳からの今どき「外あそび」育児』（主婦の友社）等书籍

■ **译者**

国际幼儿体育学会　理事　林鑫　（CHINA）

■ **中文校对**

上海辰励体育　许海川・余长江・李慧玲・刘雪杰

儿童健康教育指南

2019 年 3 月 1 日　初版第 1 刷発行

■ 著　　者　——　前橋　明
■ 訳　　者　——　林　鑫
■ イラスト　——　大森和枝・宇野紀子・日名雅美
■ 発 行 者　——　佐藤　守
■ 発 行 所　——　株式会社　大学教育出版
　　　　　　　〒700-0953　岡山市南区西市 855-4
　　　　　　　電話（086）244-1268　FAX（086）246-0294
■ 印刷製本　——　モリモト印刷㈱

©Akira Maehashi 2019, Printed in Japan
検印省略　落丁・乱丁本はお取り替えいたします。
本書のコピー・スキャン・デジタル化等の無断複製は著作権法上での例外を除き禁じられています。本書を代行業者等の第三者に依頼してスキャンやデジタル化することは、たとえ個人や家庭内での利用でも著作権法違反です。
ISBN978−4−86692−008−5